W0020342

Heike und Werner Tenta

# Das große ABC-Buch

## Malen, Spielen, Basteln, Reimen rund um das Alphabet

Illustrationen von Kasia Sander

Ökotopia Verlag, Münster

# Impressum

| | |
|---|---|
| **AutorInnen** | Heike und Werner Tenta |
| **Illustratorin** | Kasia Sander |
| **Bildvorlagen** | Anna-Maria, Maximilian und Heike Tenta |
| **Fotos** | Werner Tenta |
| **Lektorin** | Barbro Garenfeld |
| **Cover-Gestaltung** | Kerstin Heinlein |
| **Satz** | Hain-Team, Bad Zwischenahn |
| **ISBN** | 978-3-86702-043-5 |



1 2 3 4 5 6 7 8 9 10 • 14 13 12 11 10 09 08

Für Irene und Michael Doumani und unsere Kinder Anna-Maria und Maximilian

# Inhaltsverzeichnis

# Lesen und Schreiben vor der Schule?

## Sprachförderung als Grundlage für den späteren Schriftspracherwerb in der Schule

Kinder erwerben Sprache nicht nur durch Zuhören, sondern vor allem durch eine anregende Umgebung und durch eigenständiges Ausprobieren. Abwechslungsreiche ABC-Spiele, Lieder, Geschichten, lustige Reime und Gedichte, Zungenbrecher, Zaubersprüche und Rätsel fördern die kreative Freude der Kinder am Sprechen. Sie lernen den Sprachrhythmus und die Lautstrukturen als Bausteine der gesprochenen Sprache kennen und festigen durch viele Spiele ihr Wissen. Die Fähigkeit, einzelne Laute eines Wortes zu erkennen, zu unterscheiden und einzuordnen, die Wahrnehmung von Silben, der bewusste Zugang zur lautlichen Struktur der Sprache, die so genannte „phonologische Bewusstheit" (Lautlehre = Phonetik) ist die Grundlage für das spätere Schreiben. Dieser Zugang kann durch gezielte Spiele unterstützt und gefördert werden. Dabei ist es wichtig, auf die lautgetreue Aussprache der einzelnen Buchstaben zu achten, also z.B. „H" (nicht „Ha") zu sagen! Vorteilhaft für alle Spiele sind lautgetreue Wörter, in denen jeder Buchstabe auch gehört wird, z.B. „DOSE", „NASE" usw. Das ist leider nicht immer möglich, weil einem die Wörter sehr schnell ausgehen. Bei einer selbst gestalteten Anlauttabelle aber ist es unerlässlich. Dort sollten Wörter, die nicht lautgetreu sind, z.B. „A – wie Auto", nicht vorkommen.

Kinder interessieren sich schon im Kindergartenalter für Buchstaben und Schrift. Sie beobachten bei den Erwachsenen, dass Schreiben und Lesen zum Alltag gehört, und wollen sich die Welt der „Großen" erschließen. Diesem Wissensdurst der Kinder sollten wir nachkommen, indem wir dem Kind einen spielerischen, „entdeckenden" Zugang zur Schriftsprache ermöglichen, ohne der Schule vorzugreifen. Es geht hier nicht darum, Lesen und Schreiben zu lernen – es geht darum, den Interessen der Kinder gerecht zu werden und wichtige Grundlagen zu schaffen. Vielfältige Begegnungen mit Sprache, Buchstaben und Schrift festigen und vertiefen jedes Interesse und bringen den Kindern entscheidende Vorteile, auch für ihre spätere Sprach- und Lesekompetenz – maßgebliche Schlüsselfunktionen in Schule und Beruf.

Abwechslungsreiche kreative Aktivitäten mit Buchstaben sprechen nicht nur die Gestaltungsfreude der Kinder an, sie fördern neben der Motorik die Wahrnehmung der Laute mit allen Sinnen. Unterschiedliche Tätigkeiten wie Malen, Basteln, Drucken, Singen und Zeichnen wirken auch auf die verschiedenen Interessen der Kinder. Über diverse Wahrnehmungskanäle werden alle Sinne aktiviert, wird eine ganzheitliche Erziehung unterstützt.

Dieses Buch wendet sich an alle interessierten Eltern, Großeltern, ErzieherInnen, LehrerInnen und PädagogInnen. Es zeigt mit einer Fülle von praxiserprobten Ideen rund um das ABC viele Möglichkeiten auf, das Kind in seinem Spiel-,

Lern- und Arbeitsverhalten zu festigen, wichtige Grundlagen für das spätere Schreiben zu legen und in seiner Sprachkompetenz zu fördern. Die Ideen können sowohl im Elternhaus, im Kindergarten, in der Tagesstätte, im Hort als auch in der Schule umgesetzt werden.

Zu jedem Kapitelthema finden Sie neben den verschiedenen Spielideen pro Buchstabe einen Vorschlag zur Gestaltung jedes einzelnen Buchstabens (u.a. Maltechniken, Collagen, Reißarbeiten). Stellen Sie zusammen mit den Kindern ein eigenes ABC-Buch her (➜ S. 6). Darin wird gemalt, gedruckt, geschrieben, gestempelt, gezeichnet und geklebt. Vielleicht erfinden Sie mit einem Kind zusammen eine Geschichte, das Kind diktiert und der Erwachsene schreibt diese Geschichte in das Buch und „hält sie so fest". Sie werden sehen, wie stolz der kleine Autor oder die Autorin später ist!

Zu jedem Kapitelthema finden Sie Bilder unter der Rubrik „Weitere Anregungen". Diese Zeichnungen sollen Sie und die Kinder zu eigenen Ideen und Spielen inspirieren. Buchstaben können aus den unterschiedlichsten Materialien nachgelegt und gestaltet werden, z.B. „A" aus Ästen, „B" aus Bauklötzen; je nach Material gesammelt, gelegt, geklebt, abgemalt, geschnitten, gebastelt oder sogar gegessen werden wie „M" Mais. Schauen Sie die Bilder zusammen mit den Kindern an und lassen Sie den jeweiligen Anfangsbuchstaben raten oder machen Sie auf diesen Anfangslaut aufmerksam. Bestimmt erfinden und entwickeln Sie zusammen mit den Kindern eigene Spielideen und fantasievolle, kreative Aktionen!

Motivierte und neugierige Kinder, die erfahren haben, dass Schrift eine persönliche Bereicherung und mit Erfolgserlebnissen verbunden ist, werden eine nachhaltige Liebe zur Schriftsprache aufbauen. Dabei sind krumme und wackelige Buchstaben, ist Rechtschreibung anfangs nebensächlich. Die Kinder sollten nicht korrigiert werden, damit sie keine Schreibhemmungen aufbauen. Fehler sind anfangs ganz normal. Die Kinder lernen die richtige Schreibweise mit der Zeit, über verschiedene Entwicklungsstufen, wie beim Sprechen lernen. Ermuntern Sie das Kind zu eigenen Schreibversuchen. Zeigen Sie dem Kind die Schreibrichtung der Buchstaben, damit sich keine falschen Bewegungsabläufe einprägen, die später schwer zu korrigieren sind. Hinweise zur Herstellung eines ABC-Buches finden Sie neben Kopiervorlagen für die Buchstaben auf den Seiten 6 bis 8.

Die kreative Bildgestaltung mit Buchstaben bereitet den Kindern nicht nur sehr viel Freude, sie verstärkt das Interesse an der Schriftsprache und fördert zudem beim Reißen, Malen, Drucken oder Schneiden die Auge-Hand-Koordination, auch eine wichtige Fähigkeit, die Kinder später in der Schule besitzen sollten. Außerdem entsprechen die anschaulichen Aktivitäten den bildhaften Vorstellungen der Kinder, Zusammenhänge werden erkannt und Verbindungen geschaffen, z.B. die zwischen Buchstabenschriftbild und Laut.

Wenn alle praktischen Handlungen, die verschiedenen Arbeitsabläufe, die Techniken, Werkzeuge und Materialien sprachlich begleitet, also benannt und erklärt werden, festigt und erweitert das Kind seinen Wortschatz ganz nebenbei. Die Begriffe, die mit allen Sinnen erfahren werden, bleiben nachhaltig im Gedächtnis haften. Auch die erarbeiteten Buchstaben werden so schnell nicht mehr vergessen. Die Sorge, die Kinder könnten sich später in der Schule langweilen, ist unbegründet. Unsere eigenen Kinder kamen immer freudestrahlend nach Hause und erzählten: „Heute haben wir diesen Buchstaben gelernt!" Und das, obwohl beide vor Schulantritt lesen und schreiben konnten!

Zu jedem Buchstaben gibt es Vorschläge für die unterschiedlichsten Tätigkeiten. Jedes Thema kann einzeln erarbeitet oder nach Interesse des Kindes verändert werden. Auf Altersangaben haben wir dabei bewusst verzichtet, da diese

nach unseren Erfahrungen möglicherweise einschränken. Alle Ideen können im Schwierigkeitsgrad variiert und dem Alter und Wissensstand der Kinder angepasst werden. Die Vorschläge sind in der Praxis erprobt, viele Ideen können Sie natürlich jeweils auf andere Buchstaben übertragen.
Wir wünschen Ihnen viel Spaß beim ganzheitlichen und lebendigen Lernen und Spielen mit den Kindern.

Ein besonderer Dank gilt unseren eigenen Kinder Max und Anna und deren Freunden Miriam, Tabita, Jonas und Simon! Sie haben uns mit vielen tollen Ideen und Zeichnungen weitergeholfen und waren immer die ersten Kinder, an denen die Spiele „ausprobiert“ wurden! Danke auch an unsere Familien und Freunde für ihre wertvolle Unterstützung!

*Heike und Werner Tenta*

# Das ABC-Buch

*Auf ein selbst hergestelltes Buch ist natürlich jeder kleine Autor besonders stolz!*

**Material:** mind. 13 Blätter festes Papier DIN A4, 2 Kartons als Buchdeckel (etwas größer als DIN A4), 2 Schmuckpapiere (z.B. von den Kindern bemaltes Papier oder ein besonders schönes Geschenkpapier, ca. 25 × 34 cm), dicke Bücher, Zeitungspapier, Schere, Kleister, Pinsel, alter Lappen, Locher, Band oder Schnur

- Die Kinder bekleben die beiden Buchdeckel aus Karton mit dem Schmuckpapier. Dazu bestreichen Sie die Kartons mit Kleister und kleben sie auf das Schmuckpapier.
- Die überstehenden Ecken werden abgeschnitten, die Ränder eingekleistert und eingeschlagen.
- Den überschüssigen Kleister mit einem alten Lappen abwischen.
- Die Buchdeckel etwa einen Tag trocknen lassen. Damit sich der Karton nicht verzieht, die Buchdeckel während der Trockenzeit zwischen große dicke Bücher pressen.

- Die getrockneten Buchumschläge und die Papiere an der linken Seite in gleichen Abständen lochen und mit einem Band oder einer Schnur zusammenbinden.
- Natürlich darf jedes Kind sein Buch mit dem eigenen Namen versehen!

Jetzt wird in diesem Buch geklebt, gemalt, gedruckt oder geschrieben! Die Kinder können ihre Bilder auch nachträglich einkleben. Selbst wenn sie zu einem Buchstaben mehrere Blätter benötigen, ist das kein Problem, weil diese später mit eingebunden werden können.

## Varianten

- die einzelnen Bilder der Kinder sammeln und zum Schluss nach dem Alphabet geordnet zusammenbinden
- die einzelnen Blätter in einen Schnellhefter aus Pappe heften, der an den Außenseiten bemalt wird
- vorgefertigte Blanko-Hefte oder -Spiralbücher kaufen und direkt darin arbeiten
- ein großes Schulheft oder Album verwenden, in das direkt gemalt und geklebt wird oder in das die Beiträge später eingeklebt werden
- mit einem Spiral-Bindegerät das Buch erstellen

Egal, was Sie benutzen, die Kinder werden sehr stolz auf ihre Arbeiten sein und viel Freude am Gestalten haben.

## Schreiblehre (Kopiervorlage)

*Achten Sie bei den Kindern auf die korrekte Schreibrichtung der Buchstaben, damit sich keine falschen Bewegungsabläufe einprägen, die später schwer zu korrigieren sind.*

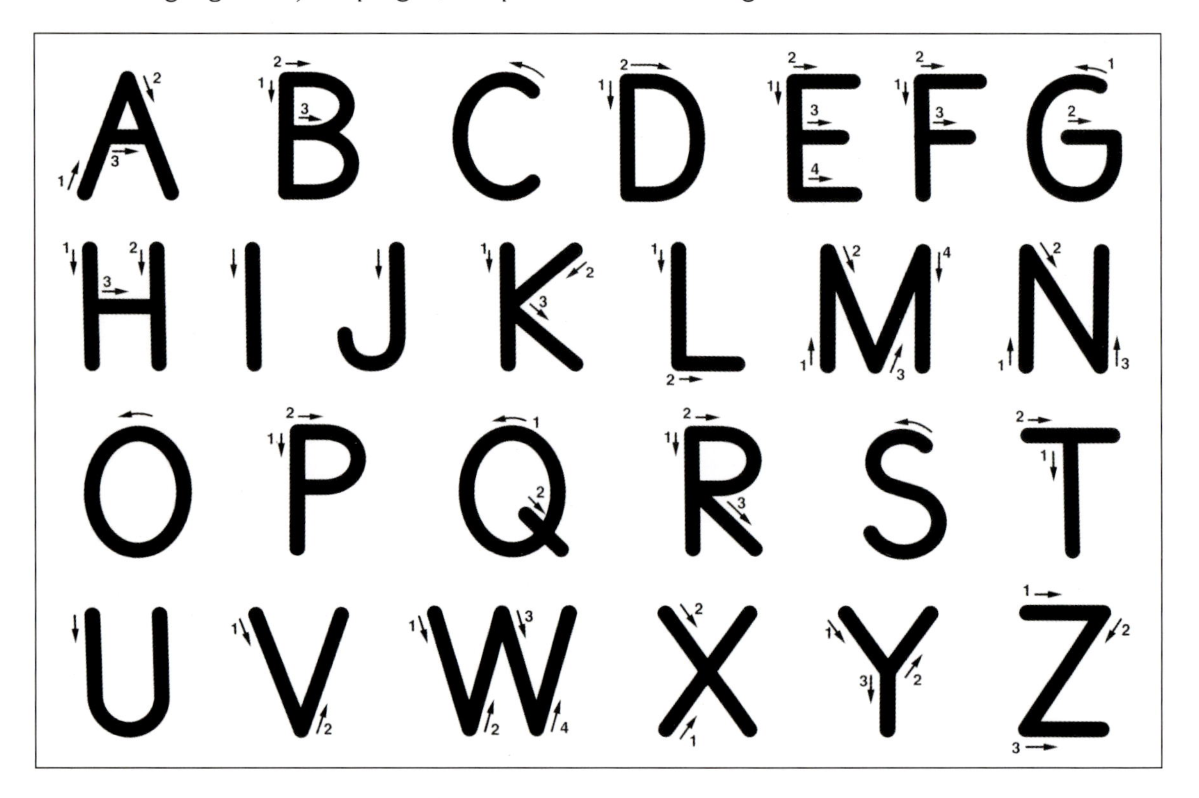

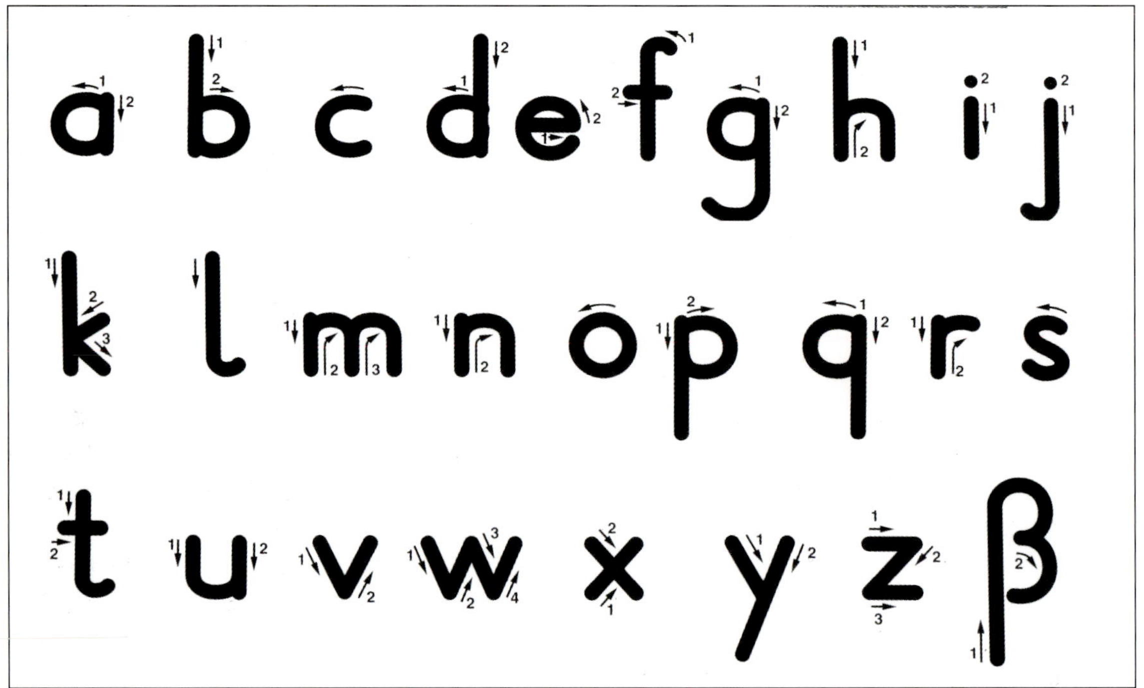

# ABC-Abenteuerland

*Vielseitige, abwechslungsreiche und spielerische Aktivitäten zum Alphabet lassen das Kennenlernen und Festigen der Buchstaben für Kinder zum Abenteuer werden. Im zwanglosen Spiel trainiert das Kind seine Sprachfertigkeit, seinen Wortschatz und seine Merkfähigkeit. Im ABC-Abenteuerland erfährt es viele Lerninhalte mit allen Sinnen. Die Kinder werden durch Aktionen zum Hören, Sprechen, Tasten, Sehen, Denken, Spielen, Erleben und Handeln rund um Sprache und Buchstaben ganzheitlich gefördert.*

# Lautspiele (Lautlehre = Phonetik)

Sprache ist kein Lehrstoff, sondern spontanes, lebendiges Geschehen im Alltag. Kinder entwickeln sprachliche Fähigkeiten durch Zuhören und Nachahmen. Deshalb ist das Vorbild des Erwachsenen besonders wichtig, um das Sprachvermögen des Kindes zu entwickeln und zu fördern. Neben vielen Sprachspielen wie Reimen, Rollenspielen und Singspielen unterstützen Lautspiele die Freude der Kinder an der Erforschung von Sprache. Der Wortschatz wird dabei erweitert und die Aufmerksamkeit des Kindes auf Laute gelenkt, die es in seiner Sprache benutzt: eine wichtige Voraussetzung für das spätere Lesen und Schreiben.

Da Hören und Zerlegen eines Wortes in einzelne Laute die Grundlage des Schriftspracherwerbs sind, sollten Sie sich viel Zeit für diese Spiele nehmen und oft in den Alltag einbauen.

### Hinweis

Der Laut muss auf jeden Fall phonetisch (lautgetreu) ausgesprochen werden: also z.B. „**M**“ (nicht „**EM**“). Die Wörter dürfen nicht buchstabiert werden und auf Rechtschreibung wird in diesem Fall keine Rücksicht genommen (also: „F“ für Fenster und Vogel).

Geben Sie dem Kind einen Gegenstand aus seiner Erfahrungs- und Erlebniswelt in die Hand, z.B. einen Apfel, und sagen Sie: „Ich sehe etwas in deiner Hand, das fängt mit ‚**A**‘ an!“ Wenn Sie das Wort „Apfel“ wiederholen, liegt die Betonung auf dem „**A**“.

- Wer findet noch andere Dinge mit diesem Anfangsbuchstaben?
- Wer erfindet dazu eine Geschichte?
- Wer kennt einen Namen mit diesem Anfangsbuchstaben?

### Varianten

Wenn Sie mehrere Gegenstände mit verschiedenen Anfangsbuchstaben auf den Tisch legen, können Sie das Lautspiel für die Kinder schwieriger gestalten.

- „Ich sehe einen Gegenstand, der mit ‚**A**‘ anfängt, oben im Regal liegt und eine rote Farbe hat.“ (Anorak). Bei dieser räumlichen Erweiterung des Spieles werden zusätzlich Richtungen und Raumpositionen (oben – unten, vorne – hinten, rechts – links) geübt.

Sie können die Aufmerksamkeit des Kindes auch auf den letzten Buchstaben des Wortes lenken: „Ich sehe in dem Buch ein Bild von einem Tier, es beginnt mit ‚**A**‘ und endet mit ‚**E**‘.“ (Affe). Aufmerksame Kinder hören vielleicht sogar Buchstaben, die in der Mitte des Wortes liegen wie „**F**“!

## Für das ABC-Buch: Allerlei Muster oder Muster-Mix

**Material:** Filzstifte, evtl. Buchstabenschablonen

Schreiben Sie für das Kind die Buchstaben in Umrissen in das ABC-Buch. Diese Buchstaben dürfen von den Kindern mit Filzstiften bemalt und mit Mustern „gefüllt“ werden.

### Tipp

Wie wäre es mit einem Namensschild in dieser Technik?

## ABC-Memory

*Dieses Gedächtnis- und Tastspiel benötigt etwas Vorbereitungszeit, doch die Mühe lohnt sich, da in dem Memory viele verschiedenen Möglichkeiten zur Förderung der Kinder stecken.*

**Material:** Karton, unterschiedliche Materialien wie Wolle, Stoffreste, Papierreste (Strukturtapete, Wellpappe, Geschenkpapier), Lederreste usw., Schere, Klebestift; evtl. Zeitungen
**Vorbereitung:** 26 Quadrate aus Karton zuschneiden.

Über den Tast-, Hör- und Sehsinn prägen sich die Buchstaben und die spätere Schreibrichtung ein. Deshalb ist es wichtig, die Konturen sauber aufzukleben und beim Tasten und Nachspüren die Schreibrichtung einzuhalten (→ S. 8, Kopiervorlage). Benennen Sie dabei den Buchstaben immer wieder lautgetreu, also z.B. „**H**“ nicht „**Ha**“. Beginnen Sie mit den großen Druckbuchstaben, später können auch die kleinen Buchstaben dazu gestaltet werden.

- Suchen Sie für jedes Kartenpaar jeweils die gleichen Materialien aus und schneiden Sie diese in dünnen Streifen oder als Ganzes aus. Spannend wäre es natürlich auch, passende Materialien (wo möglich) zu den Buchstaben zu finden, z.B. für „**A**“ einen Stoff gemustert mit Ananas, für „**L**“ Leder, für „**D**“ Damast, für „W“ Wolle, für „**S**“ Samt, für „**F**“ Filz, für „**J**“ Jute usw.

- Schreiben Sie den gewünschten Buchstaben mit Bleistift auf zwei Karten vor, streichen Sie Kleber darüber und kleben Sie ihn auf.

## Spielregeln

Das Spiel erfolgt nach den bekannten Regeln von Memory. Das Kind deckt zwei Karten auf, benennt laut die aufgedeckten Buchstaben und folgt dabei mit den Schreibfingern den Konturen der Buchstaben entlang der Schreibrichtung. Deckt das Kind zwei gleiche Buchstaben auf, behält es diese und darf zwei neue Karten umdrehen. Stimmen die Buchstabenkärtchen nicht überein, ist nach dem Benennen und Betasten dieser Buchstaben das nächste Kind an der Reihe.

## Varianten

- die Kleinbuchstaben nach oben stehender Beschreibung gestalten – zu den Großbuchstaben die Kleinbuchstaben suchen
- Bilder mit dem gleichen Anfangsbuchstaben aus Katalogen, Zeitschriften etc. ausschneiden; Buchstaben aufdecken – Anlautbilder dazu suchen: z. B. „**A**“ – Affe, Ampel ...
- Buchstabe aufdecken und fragen: Welcher Name beginnt mit diesem Buchstaben?
- Buchstabe aufdecken und Bilder dazu in das ABC-Buch malen
- den Buchstaben mit geschlossenen oder verbundenen Augen nachspüren lassen
- den aufgedeckten Buchstaben in Zeitungen suchen und ins ABC-Buch kleben

# ABC-Lied

*Musik und Rhythmik in Verbindung mit Lerninhalten sprechen besonders das Kindergarten- und Grundschulkind an und ermöglichen ihm ein entspanntes Lernen in Aktion. Bei dem folgenden Lied prägt sich die Buchstabenreihenfolge des Alphabetes spielerisch ein. Die gesamte Entwicklung des Kindes wird durch eine frühzeitige Begegnung mit Musik positiv beeinflusst.*

### Refrain

*Zum ABC, da tanzen wir alle rund herum*
*und klatschen in die Hände,*
*das ist ja gar nicht dumm.*
*Wir drehen uns dabei im Kreis*
*und sprechen laut euch vor,*
*wir lernen heut das ABC,*
*macht alle mit im Chor.*

*1. A B C D E F G,*
*das flüstert uns eine gute Fee.*
*H I J K L M N O,*
*wir singen laut zum ABC*
*und das geht so.*

*2. P Q R S T U V W,*
*das ist für uns ein leichter Dreh.*
*Die letzten heißen X Y Z,*
*das ABC ist nun endlich komplett.*

### Bewegungen zum Refrain

1. und 2. Zeile: *Die Kinder gehen im Kreis herum und klatschen in die Hände.*
3. Zeile: *Die Kinder bleiben stehen und drehen sich einmal um ihre eigene Achse.*
4. Zeile: *Die Kinder stehen im Kreis, fassen sich an den Händen und singen die jeweilige Strophe.*

## ABC-Wandschmuck

*Das ABC als Zimmerschmuck wirkt sehr dekorativ und kann für viele Spiele, die in diesem Buch vorgestellt werden, benutzt werden. Beginnen Sie mit großen Druckbuchstaben. Wenn diese vollständig sind, können die Kleinbuchstaben nach und nach dazu gestaltet werden.*

**Material:** farbiges, festes Tonpapier (mind. DIN A4), evtl. Buchstabenschablonen aus Pappe oder Holz, Bleistift, Filzstifte, Schere, Nadel, Wolle oder Bindfaden, Wäscheleine oder feste Schnur

- Mit Hilfe von Schablonen die Buchstaben auf Tonpapier übertragen und ausschneiden. Sie können die Buchstaben ebenso frei Hand in Umrissen aufzeichnen.
- Bemalen Sie die Buchstaben mit einfachen Mustern (Punkten, Strichen etc.). Verwenden Sie nicht zu viele unterschiedliche Muster und Farben, damit diese nicht zu sehr von der Buchstabenform ablenken. Lassen Sie schwierige Formen einfarbig dazwischen stehen.
- Befestigen Sie eine Wäscheleine oder eine Schnur an den Zimmerwänden. Wer keine Nägel in die Wand schlagen möchte, kann als Befestigungspunkte Lampen, Gardinenstangen o.Ä. benutzen.
- Hängen Sie an dieser Schnur die Buchstaben nach dem Alphabet sortiert auf.

## Zungenbrecher

*Kinder haben sehr viel Spaß an lustigen Zungenbrechern, die durch ihren sprachlichen Klang wirken. Sprechen Sie die Sätze deutlich vor und betonen Sie dabei den ersten Laut. Nun wiederholen Sie zusammen mit den Kindern ein paar Mal den Zungenbrechervers. Wer kann den Satz möglichst schnell, deutlich und fehlerfrei nachsprechen? Vielleicht fallen Ihnen mit den Kindern eigene lustige Sätze dazu ein, die im ABC-Buch festgehalten werden können. Diese Schnellsprechverse finden sich seit vielen Jahrzehnten in der Literatur wieder und haben auch heute noch ihren Reiz. Kinder lernen dabei, deutlich zu sprechen und entwickeln neben ihrem Wortschatz das Sprachgefühl und ihre Sprechfertigkeiten weiter.*

*Alle acht artigen Ameisen arbeiten am Abend anstandslos.*
*Anna aß anfangs am allerliebsten argentinische Aprikosen.*
*Albert arbeitet alleine an alten Abflussrohren.*

# Weitere Anregungen

Aluminium

# B – Blumen

*Blumen gibt es in den verschiedensten Formen. Durch ihre Farbenpracht locken sie Bienen an, die ihren Blütensamen verbreiten, so dass sie sich vermehren können. Sucht eine Biene in den Blumen nach Blütennektar, wird sie mit Pollen eingestäubt und transportiert diesen zur nächsten Blüte.*

## Wo hörst du ein „B"?

*Ganz aufmerksame Zuhörer entdecken das „**b**" auch innerhalb eines Wortes!*

**Material:** eine kurze Vorlesegeschichte (s. Text unten)

Lesen Sie die Geschichte langsam vor. Betonen Sie den gesuchten Buchstaben und artikulieren Sie deutlich. Die Kinder hören aufmerksam zu und stehen auf oder klatschen (bitte vorher vereinbaren), wenn sie den gesuchten Buchstaben gehört haben.

*Verschlafen schaut Bär Beppo aus seiner Bärenhöhle. „Ah, ist das schön! Endlich ist mein Winterschlaf vorbei und ich kann meine Blumenwiese wieder besuchen!" Beppo reckt und streckt sich und tapst zum nahen Bach. Genüsslich schlürft Beppo dort das Wasser und brummt: „Jetzt brauche ich noch eine Bärennase voll Blumenduft und alles ist perfekt!"*
*Auf der Wiese herrscht schon buntes Treiben. Die Bienen fliegen von einer Blume zur nächsten und schlüpfen zwischen ihre Blütenblätter. „Lasst mir auch noch was übrig!", beschwert sich Beppo empört. Die Bienen schauen sich an und beginnen zu lachen. „Aber Beppo, wir sammeln doch nur Blütennektar! Der Blumenduft gehört dir ganz allein!" Beruhigt brummelnd setzt sich Beppo auf die Blumenwiese und hält seine große Bärennase in den Wind.*

### Tipp
Dieses Spiel kann mit vielen Texten zu unterschiedlichen Buchstaben gespielt werden.

## Schau genau hin! Buchstaben fressende Blumen

*Es gibt unter den farbenfrohen Blumen auch gefräßige Exemplare, so genannte Fleisch fressende Blumen wie den Sonnentau und die Venusfliegenfalle. Sobald ein Insekt sich auf die Blüten einer solchen Blume setzt, klebt es an ihr fest oder wird von den Blütenblättern umschlossen.*

Die Blumen auf diesem Bild sind zwar auch gefräßig, ernähren sich aber ausschließlich von Buchstaben. Sie verzehren dabei jeden Buchstaben, der ihnen in die Quere kommt. Am liebsten frisst die Blume das große „**B**" und das kleine „**b**"!
Welche Buchstaben werden in folgendem Bild gefressen?

### Tipp
Schauen Sie zusammen mit den Kindern solche Blumen im Lexikon an oder suchen Sie in einer Bücherei nach Abbildungen.

# Für das ABC-Buch: Butterblume basteln

*Papier ist ein idealer Werkstoff für Kinder. Es ist auf vielfältige Weise formbar und bietet eine Fülle von Gestaltungsmöglichkeiten. Neben Malen und Zeichnen, Schneiden und Formen ist das Reißen von Papier sehr beliebt.*

**Material:** buntes Zeichenpapier, alte Zeitungen und Werbeprospekte, Klebstoff

Die Kinder reißen die Einzelteile der Blume (z.B. Blätter und Stängel) aus den Farbflächen der Prospekte heraus, legen sie im ABC-Buch zu einer Blume zurecht und kleben sie auf. Gemeinsam suchen sie gedruckte Buchstaben von „**B**" und „**b**" in Zeitungen, reißen die Buchstaben aus und kleben sie rund um die Blume.

## Variante

Zeichnen Sie den Buchstaben auf einer Farbfläche auf und lassen Sie die Kinder entlang der Linien reißen. Benennen Sie dabei immer wieder den Buchstaben, indem Sie ihn lautgetreu („**B**" nicht „**BE**") aussprechen.

## Tipp

Gezieltes Reißen erfordert Ausdauer, Konzentration und trainiert die Feinmotorik. Zudem lernt das Kind Bewegungsabläufe zu steuern, eine wichtige Voraussetzung für das spätere Schreiben. Wird in Laufrichtung des Papiers gerissen, erhalten Sie gleichmäßige Kanten. Diese Laufrichtung kann man auch besser steuern und einhalten. Quer zur Laufrichtung lässt sich die Form schwerer reißen und die Kanten werden unregelmäßiger. Probieren Sie die Laufrichtung aus, bevor sie für jüngere Kinder den Buchstaben aufzeichnen.

# Bewegte Sprache

*Kinder sind für Melodie, Takt und Rhythmus der Sprache sehr empfänglich. Sie lieben es, Gedichte, Reime oder Verse durch Klatschen, Stampfen, Hüpfen oder Gehen im Takt zu begleiten. Abklatschspiele können zudem überall gespielt werden. Dazu eignen sich viele Reime und Lieder. Oft denken sich die Kinder auch eigene Gedichte aus. Besonders Unsinnverse sind sehr beliebt. Solche Reime gehören zum kreativen spielerischen Umgang mit Sprache und müssen keinen hohen literarischen Wert aufzeigen.*

## Reime

*Barbara kratzt sich am Po,*
*denn dort sitzt ein frecher Floh.*

*In Blumen steht das B voran,*
*damit man es gleich sehen kann.*

*Bären wollen Bärendreck,*
*doch den isst die Berta weg.*

*Bernhard sitzt auf der Bank,*
*Bruno nicht, denn der ist krank.*

Wer findet selber Reime?

## Zu den Silben klatschen

Viele Reime können mit Klatschen oder Gehen zu Silben und Wörtern begleitet werden, dabei wird der Takt beibehalten.

*Bimbala, Bimbala, 1, 2, 3,*
*Das B ist überall dabei:*

- *Bus-bahn-hof*
- *Bä-ren-fell*
- *Blu-men-beet*
- *Bas-ket-ball*
- *Blu-men-kas-ten*
- *Blu-men-zweig*
- *Blu-men-va-se*
- *Blü-ten-ho-nig*
- *Blü-ten-kelch*
- *Buch-sta-ben*
- *Bä-ren-dreck*
- *Bü-cher-wurm*
- *Bauch-schmer-zen*
- *Blü-ten-blät-ter*
- *Birn-baum*

Wer findet noch mehr?

### Tipp

Spaß macht den Kindern das „Überkreuz-Klatschen" zu einzelnen Silben: Das eine Kind schlägt mit der rechten Hand auf die linke Hand seines gegenüber stehenden Partners, dann ist das andere dran.

## Wo bleibt Biene Berta?

*Die fleißige Biene Berta war den ganzen Tag unterwegs, um in den Blüten Nektar zu sammeln. Daraus stellen die Bienen köstlichen Honig her. Berta flog stundenlang von einer Blume zur anderen und wurde am Abend auf einmal so müde, dass sie den Heimweg nicht mehr schaffte. Erschöpft schlief sie in einem Blütenkelch ein und wachte erst am nächsten Morgen wieder auf. Nun machte sie sich schnell auf den Heimweg, um den anderen Bienen von ihrem Nachtlager zu berichten. Diese waren sicher schon in Sorge um sie, denn es wusste ja niemand, warum sie am Abend nicht nach Hause geflogen war.*

## Biene Berta

*Das Erzählen der Geschichte von S. 18 kann für die Kinder eine Anregung sein, die fleißige Biene nach ihrer Fantasie zu gestalten.*

**Material:** leere Joghurtbecher, Seidenpapier, Tonpapierreste, 2 Wattekugeln (Ø ca. 5 cm), schwarze und gelbe Farbe, Pinsel, Pfeifenputzer, schwarze Federn oder Wollreste, Schere, Klebstoff

- Die Kindern verkleiden mit etwas Hilfe einen sauberen Joghurtbecher mit Seidenpapier, indem sie das Papier rund um den Becher kleben.
- Aus Tonpapier schneiden sie Blütenblätter aus. An der geraden Kante knicken sie den Rand der Blätter etwas ein und kleben diese rund um den oberen Rand des Joghurtbechers.
- Die Kindern bemalen die beiden Wattekugeln mit gelben und schwarzen Streifen und kleben sie nach dem Trocknen fest zusammen.
- Aus Tonpapierresten schneiden sie Augen, Nase und Mund aus und kleben sie auf die bemalte Wattekugel.
- Die Flügel stellen sie aus den Pfeifenputzern her, mit schwarzer Wolle oder Federn gestalten sie den Kopfschmuck.
- Sind alle Einzelteile getrocknet, kleben sie Biene Berta in ihrem Schlafplatz, dem Joghurtbecher, fest.

## Bienchen Berta früh am Morgen

*Bienchen Berta erwacht am Morgen*
*in einer schönen Blütenpracht.*
*Ihre Freunde machten sich schon Sorgen,*
*denn sie war weg die ganze Nacht.*
*Nun fliegt sie ausgeruht zurück,*
*bringt mit ein großes Nektarstück.*

## Fleißige Bienen

*Die Kinder können Biene Berta und ihre Freunde leicht mit ausgestalteten Fingerdrucken in ihr ABC-Buch fliegen lassen. Einige Bienen haben sogar ein „**B**“ unterwegs gefunden!*

**Material:** gelbe Farbe, Pinsel, Malerlappen, schwarzer Filzstift, Papier oder ABC-Buch, Stempelkissen und Buchstabenstempel

Die Kinder bemalen ihre Fingerspitze mit dem Pinsel mit Farbe oder tauchen ihn direkt in die Farbe ein. Nun drücken sie den Finger mehrmals auf Papier oder direkt in das ABC-Buch. Nach dem Trocknen kann der Abdruck mit schwarzem Filzstift zur Biene weiter ausgemalt werden. Die fleißigen Bienen tragen Buchstaben, die mit Stempel dazu gedruckt werden.

## Zungenbrecher

*Bär Bernhard backt brav braune Brezeln.*
*Bücherwurm Beate bevorzugt bunte Bilder.*
*Bengel Bastian bestellt blaue Brombeeren beim Biobauern.*
*Butterblumen brauchen besondere Besitzer.*

# Weitere Anregungen

# C – Clowns

*Clowns bringen mit ihren Späßen und Spielen jedes Kind zum Lachen. Sie tragen meist viel zu weite Hosen, bunte Jacken und lustige Hüte. Mit ihren großen Schuhen wirken sie tollpatschig und unbeholfen. Doch oft sind Clowns gute Artisten und faszinieren ihre Zuschauer mit akrobatischen Vorführungen und Kunststücken. Sie balancieren Stühle auf dem Kopf, machen einen Handstand oder jonglieren mit den verschiedensten Gegenständen.*

## Buchstabenakrobatik

*Clowns bringen ihre Zuschauer nicht nur zum Lachen. Mit ihren akrobatischen Kunststücken können sie sogar Buchstaben darstellen! Wer erkennt das Wort?*

**Material:** große Plakate, dicker Filzstift
**Vorbereitung:** Die Großbuchstaben auf große Plakate schreiben.

Die Kinder stellen die Formen der Buchstaben allein, zu zweit oder zu dritt nach. Kinder finden dabei oft erstaunliche und kreative Lösungen.

### Tipp

Die Buchstabenformen können von den Kindern in einer kleinen Artistik-Darbietung vorgeführt werden.

## Einladungskarte

Bevor die Clowngruppe Campola einen Auftritt hat, verschickt sie überall in der Stadt Einladungskarten. Natürlich keine normalen Einladungen! Wie das bei Clowns so üblich ist, wird hier schon gespielt und geraten. Wer kann die Puzzleteile am schnellsten zusammenlegen?

**Material:** festes Tonpapier (weiß oder bunt in Postkartengröße), Bleistift, Schere, schwarzer Filzstift, Farbstifte, Briefumschlag

- Auf eine Karte aus Tonpapier mit Bleistift einen Clown zeichnen.
- Die Konturen mit schwarzem Filzstift nachziehen.
- Den Clown bunt ausmalen und am Rand mit dem Wort EINLADUNG beschriften.
- Alle weiteren Informationen wie Ort, Zeitpunkt usw. auf der Kartenrückseite mitteilen.
- Die Karte in Puzzleteile zerschneiden und im Briefumschlag an die Gäste verschicken.

## Für das ABC-Buch: Buchstaben-Puzzle

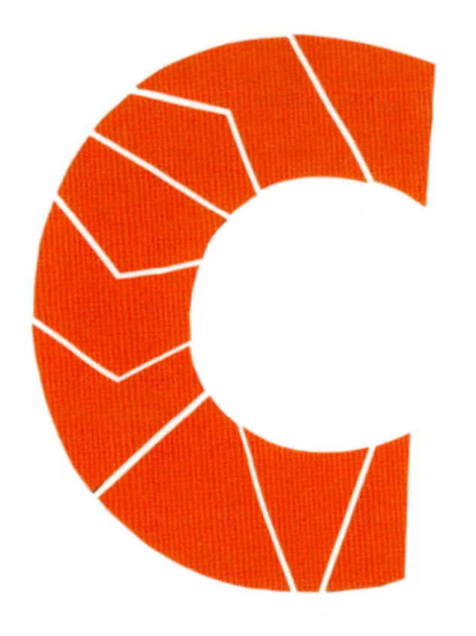

**Material:** buntes Tonpapier, Kopiervorlage (→ S. 8)
**Vorbereitung:** Zeichnen Sie in großen Buchstaben das große „**C**" und das kleine„**c**" auf buntes Tonpapier.

Die Kinder zerschneiden den Buchstaben in einzelne Teile und kleben ihn zusammengesetzt ins ABC-Buch.

### Tipp

Auf diese Weise kann das ganze ABC als Puzzlespiel gestaltet werden. In Briefumschlägen die Puzzleteile sammeln, dabei jedes einzelne Teil und den dazugehörigen Briefumschlag auf der Rückseite mit dem jeweiligen Buchstaben markieren, um eine übersichtliche Ordnung zu erleichtern. Die Größe und Anzahl der Puzzleteile kann nach Alter und Wissensstand der Kinder variiert werden.

# Sprach- und Reimspiele

*An kreativen Rätseln und Sprachspielen haben alle Kinder Spaß. Sie schulen ihr Gehör und üben eine deutliche, korrekte Aussprache. Kinder erkennen gerade bei Reimen und Gedichten spielerisch Lautstrukturen, Lautkombinationen und Sprachformen.*

**Material:** Schachteln, Papier, Stift
**Vorbereitung:** Sammeln Sie genügend Scherzfragen, Wortreihen und Reimwörter, am besten aufbewahrt in beschrifteten Schachteln, die bei Bedarf sofort zur Hand sind. Legen Sie sich während der Spiele Papier und Stift zurecht, um die meist originellen Ideen der Kinder festhalten zu können.

## Wie heißt du?

*Beliebt ist es, auf den eigenen Namen Reime zu erfinden, die nicht immer einen Sinn ergeben.*

Der Clown Campolo fragt während der Vorstellung die Kinder nach ihren Namen und erfindet lustige Reime dazu, z.B. „Ich heiße Campolo und hab einen Floh, der zwickt mich sachte in den Po." Weitere Reime zu Namen:

- Anne: „Anne, Kanne, Badewanne"
- Annemone: „Annemone, Quatschkanone."
- Fabian: „Der Fabian, der Fabian, der reitet auf dem Pelikan."
- Marian: „Marian fährt fröhlich mit der Bimmelbahn."
- Marie: „Marie, Marie, du kleines Zappelknie."
- Peter: „Der Peter, der Peter, auf dem Mond da steht er."
- Maxi: „Ja der Maxi fährt mit dem roten Taxi."
- Simone: „Simone, Simone, lutscht eine Kaffeebohne."

## Reimwörter

Welche Wörter klingen gleich oder ähnlich? Wer findet die passenden Wörter?

| | |
|---|---|
| *Knopf*<br>*Topf*<br>*Zopf* | *Tauben*<br>*Schrauben*<br>*Trauben* |
| *Mütze*<br>*Pf____* (Pfütze)<br>*Sch____* (Schütze)<br>*Gr____* (Grütze) | *Bett*<br>*Br___* (Brett)<br>*F___* (Fett)<br>*n___* (nett) |

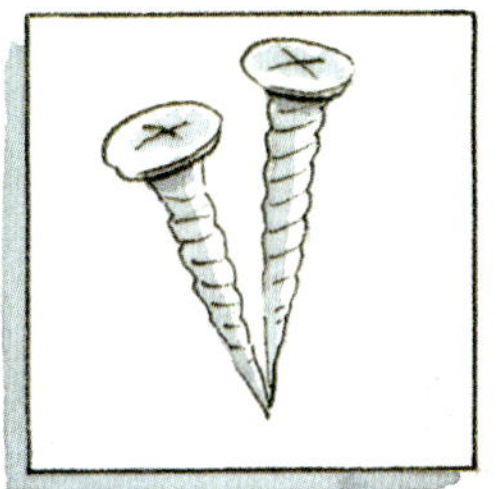

## Paare suchen

Erklären Sie den Kindern, dass Wörter, die am Ende gleich klingen, Reimwörter genannt werden. Sprechen Sie ein Reimpaar, z.B. „Hose – Rose“ deutlich vor und regen Sie die Kinder dazu an, genau auf den Wortklang zu hören. Welche Buchstaben klingen gleich, welche sind verschieden? Nennen Sie weitere Reimpaare, z.B. „Hand – Sand“, welche die Kinder nachsprechen sollen.

- Welche Wortteile klingen gleich, welche verschieden?
- Wer findet weitere Reimwörter?

## Reimwörter schnappen

**Material:** Bildkarten mit Gegenständen, die sich miteinander reimen (z.B. Pfanne, Wanne, Kanne, Tanne)

Die Bildkarten mit entsprechenden Reimwörtern auf dem Tisch verteilen. Die Spielleitung nimmt eine Karte, hält diese hoch und spricht deutlich die Bezeichnung des Gegenstandes aus: z.B. „Pfanne“. Die Kinder wiederholen das Wort und schnappen sich die Karten mit Bildern, deren Namen sich reimen, z.B.: „Wanne – Kanne – Tanne“.
Wer findet die richtigen Karten?

### Tipp

Vorgefertigte Bildkarten zu Reimwörtern gibt es im Fachhandel günstig zu erwerben. Sie können diese auch selbst herstellen, indem Sie Kartonreste zuschneiden und die passenden Abbildungen selber zeichnen oder aus Illustrierten ausschneiden und aufkleben.

## Welche Wörter reimen sich nicht?

*Ein Wort passt hier jeweils nicht dazu.*

Sprechen Sie die einzelnen Wörter deutlich vor, die Kinder suchen diejenigen Wörter heraus, die sich **nicht** reimen.

*Raum, **Rand**, Baum, Saum*
*Laus, Maus, **Hase**, Haus*
*Kind, Wind, Rind, **Wand***
***Dose**, Hase, Vase, Nase*
*Rose, Dose, **Riese**, Lose*
*Platz, Satz, Spatz, **Spott***
*Hut, **Rad**, Wut, Mut*
***Wonne**, Wanne, Kanne, Tanne*

## Scherzfragen und Rätsel

- Welcher Ring ist nicht rund? (der Hering)
- Wer kann ohne Nase riechen? (Käse, alte Socken)
- Wer trägt eine Brille und kann doch nicht sehen? (die Nase)
- Welche Maus kann fliegen? (Fledermaus)
- Welche Straße ist weder gepflastert noch geteert, weder gekiest noch mit Sand bestreut? (die Milchstraße)
- Welche Krone trägt niemals ein König? (die Baumkrone)
- Welches Pflaster ist nicht aus Stein? (das Heftpflaster)
- Welcher Schuh passt auf keinen Fuß? (der Handschuh)
- Was kommt durch das geschlossene Fenster und zerbricht trotzdem kein Glas? (das Licht)
- Welcher Vogel ist meistens niedergeschlagen und traurig? (der Pechvogel)
- Was hat keine Zähne und beißt doch? (der Pfeffer)
- Welcher Zahn bekommt nie Karies? (der Löwenzahn)
- Was brennt Tag und Nacht und brennt doch nicht? (die Brennnessel)
- Was kann in einer leeren Tasche sein? (ein Loch)

# Weitere Anregungen

# D – Drachen

*Wir kennen Drachen aus alten Sagen, Fabeln oder Märchen als fliegende, feuerspeiende Tiergestalten. Der Drache übernimmt in vielen Geschichten die Rolle des Bösewichts oder des Bewachers von Schätzen, den es zu besiegen gilt. In manchen Ländern wird er jedoch als freundliches Wesen verehrt, das den Menschen Glück bringt.*
*Unsere Drachen hier sind bisweilen furchterregend, spucken Feuer und fliegen hoch in die Lüfte, gehören aber zu den freundlichen, stets gutmütigen Geschöpfen ihrer Art.*

## Der Drache Dragonherz
**(Holzcollage)**

*Wenn am Morgen im Drachenwald die Sonne aufgeht, erwacht auch der kleine Drache Dragonherz. Er streckt vorsichtig seine Nase aus seiner Höhle und freut sich auf einen schönen Tag mit seinen Freunden.*

**Material:** Sperrholzplatte (ca. 25 × 40 cm groß), kleinere Abfallhölzer in verschiedenen Größen und Formen (Schreinereien geben Abfallhölzer oft kostenlos ab), Holzbeize, Pinsel, Schleifpapier, Holzleim, 1 kleine Handsäge, Schürze, evtl. Bleistift

- Die Sperrholzplatte mit Holzbeize bemalen. Vorsicht: Kleidung schützen!
- Die Farbe etwa eine Stunde trocknen lassen.
- Suchen Sie in dieser Zeit mit den Kindern die passenden Abfallhölzer aus.
- Auf der bemalten Unterlage die ausgesuchten Holzteile so lange anordnen oder austauschen, bis jedes Kind zufrieden ist.
- Jedes ausgewählte Holzstück aufnehmen und die Kanten mit Schleifpapier glätten.
- Das fertige Holzteil gleich wieder an seinen Platz legen, bevor die zuvor ausgesuchte Anordnung vergessen wird. (Eventuell die Holzteile mit Bleistift zusätzlich markieren.)
- Die Einzelteile mit Holzleim aufkleben und das Bild trocknen lassen.

Wer möchte, kann mit Holzbeize verschiedene Einzelheiten wie Augen oder Zacken bemalen.

### Tipp
Manchmal müssen einzelne Holzteile zurechtgesägt werden.

### Variante
Buchstaben lassen sich auch wie ein Mosaik aus lauter kleinen Stücken zusammenbauen.

## Rätsel

*Es lebt ein Wesen,*
*man glaubt es kaum,*
*so groß und schwer,*
*fast wie ein Baum.*
*In einer Höhle ganz aus Stein,*
*bewacht es aufmerksam allein*
*Gold, Juwelen und Dukaten,*
*vor Raubrittern und Piraten.*
*Und wird es ihm dabei zu bunt,*
*spuckt es Feuer aus seinem Schlund.*
*Sein Stampfen lässt die Erde beben,*
*seine Flügel ihn am Himmel schweben.*
*Die Räuber kriegen einen Schreck*
*und laufen ohne Schätze weg.*
*Nun hat es wieder seine Ruhe,*
*betrachtet schmunzelnd seine Truhe:*
*„Manchmal ist es schon zum Lachen,*
*wie diese Gesellen flüchten vor uns …?*

Drachen

## Für das ABC-Buch: Drachenfutter-Collage

**Material:** Farbstifte, alte Zeitungen und Zeitschriften, Schere, Kleber

*Der Drache Dragonherz lebt tief in einer großen, dunklen Höhle und ernährt sich von Buchstaben. Da dieser große Drache natürlich Nahrung braucht, freut er sich über ganze Wörter, die er verschlingen kann. Dabei ist er wählerisch, er mag nur Wörter mit dem Anfangsbuchstaben „**D**". Natürlich ist er mit dem Buchstaben „**D**" auch schon zufrieden.*

Die Kinder malen einen Drachen mit großem Bauch in ihr ABC-Buch. Sie schneiden aus Zeitungen und Zeitschriften Buchstaben und Wörter mit „**D**" aus und füttern ihn damit, indem sie diese in seinen Bauch kleben. Natürlich können diese Wörter als Vorrat für spätere Hungerattacken auch daneben geklebt oder dazugeschrieben werden.

# Das Drachenkinderlied

Text und Melodie: Werner Tenta

**Refrain**

*Die Drachenkinder aus dem Drachenland*
*sind euch noch alle unbekannt.*
*Wir stellen sie euch vor in aller Ruh.*
*Passt auf und hört gut zu:*

*1. Der grüne Drache Waldemar,*
*der hat ein rosa Band im Haar.*
*Damit ihm seine grünen Locken*
*nicht runterhängen wie nasse Socken.*

*2. Der blaue Drache Kunigund*
*hat große Zähne in seinem Mund.*
*Er putzt und schrubbt sie jeden Tag,*
*weil Karies er gar nicht mag.*

*3. Der rote Drache Fabian*
*putzt ab die Füß', so gut er kann.*
*Von Mama gibt's dafür 'nen Kuss,*
*weil sie die Höhle nicht säubern muss.*

*4. Das gelbe Drachenmädchen Bernadett*
*legt sich früh am Abend in ihr Bett.*
*Und ausgeschlafen geht sie zur Schule,*
*am nächsten Tag mit Freundin Jule.*

Die Kinder singen das Lied und begleiten die Strophen mit folgenden Bewegungen:

- 1. Strophe: mit kreisendem Zeigefinger das rosa Haarband auf dem Drachenkopf andeuten.
- 2. Strophe: die Zähne putzen.
- 3. Strophe: die Füße am Boden abstreifen.
- 4. Strophe: den Kopf seitlich geneigt auf die gefalteten Hände zum Schlafen legen.

## Silbendrachentier Dragonherz

*Der kleine Drache Dragonherz hat morgens immer riesengroßen Hunger. Er mag Buchstaben und Wörter sehr gern und ernährt sich auch davon!*
*Ein besonders delikater Leckerbissen für den kleinen Drachen sind ganze Silben! Immer wenn er ein langes Wort mit vielen Silben hört, kommt er hocherfreut aus seiner Höhle. Da es im Drachenwald weniger Buchstaben und Wörter als grüne Blätter und duftende Blumen gibt, hat er mit der Futtersuche natürlich immer genug zu tun und freut sich, wenn Kinder ihm frische Nahrung bringen.*

**Material:** evtl. 1 Drachenbild

Die Kinder bilden Wörter mit vielen Silben. Wer kann das längste Wort mit vielen Silben zusammensetzen und den Drachen füttern? Damit Dragonherz die Futterzeit auch mitbekommt, wird bei jeder Silbe laut in die Hände geklatscht. Bestimmt hört er auch, wenn alle mit den Beinen zu jeder Silbe auf den Boden stampfen!

### Beispiele

*„Dau-nen-fe-dern-mus"*
*„Do-mi-no-stein-sa-lat"*
*„Dot-ter-blu-men-drink"*
*„Dau-men-na-gel-dreck"*
*„Dat-tel-do-sen-saft"*
*„Dra-chen-le-der-haut"*

Wann ist dieser gefräßige Kerl endlich satt?

### Tipp

Zeigen Sie bei jedem gelungenen Wort ein Bild mit einem Drachen hoch.

### Hinweis

Neben Lautspielen unterstützen Silbenspiele den bewussten Zugang zur lautlichen Struktur. Die Kinder lernen die Bauelemente der Sprache wahrzunehmen, eine wichtige Voraussetzung für die Schriftsprache. In der Schule lernen Kinder eine Trennungsregel: Der letzte Mitlaut (also z.B. **„m"**, **„l"**) wird zur nächsten Silbe genommen, ein Tipp zum Trennen der Wörter.

## Wo hörst du ein „D"?

*Ganz aufmerksame Zuhörer entdecken das* **„d"** *auch innerhalb eines Wortes!*

**Material:** eine kurze Vorlesegeschichte
(→ S. 31)

Lesen Sie die Geschichte vom Drachen Dragonherz und seinen Freunden langsam vor, betonen Sie den gesuchten Buchstaben und artikulieren Sie deutlich. Die Kinder hören aufmerksam zu und stehen auf oder klatschen (bitte vorher vereinbaren), wenn sie den gesuchten Buchstaben gehört haben.

Ich brauche dringend Futter

## Drache Dragonherz und seine Freunde

*Dragonherz, der dünne Drache, besucht zusammen mit seinen Freunden Dorian und Doris die Drachenkinderschule. Heute steht das Feuerspucken auf dem Stundenplan. Drache Dieter, ihr Lehrmeister, erklärt ihnen zunächst die Atemtechnik: „Tief einatmen und dann das Feuer aus den Nasenflügeln herausprusten. So müsst ihr es machen!"*

*Dieter zieht allerdings beim tiefen Einatmen aus Versehen alle Buchstaben seines Schulheftes mit ein und anstatt eines Feuerstrahles purzeln die Buchstaben aus seiner Nase.*

Wer entdeckt alle „**D**" und „**d**"?

## Zungenbrecher

*Der Drache Dragonherz denkt dauernd daran, dass Datteln doch delikat duften.*
*Durstig durchstreift der Drache Dragonherz den dunklen Drachenwald.*

# Weitere Anregungen

# E – Elefant

*Kinder sind fasziniert von dem größten Landsäugetier der Erde. Der afrikanische Elefant wird bis zu vier Meter hoch und sieben Tonnen schwer. Er wiegt also so viel, wie sieben oder acht Personenautos zusammen. Der kleinere indische Elefant unterscheidet sich von seinem afrikanischen Artgenossen durch die kleineren Ohren und Stoßzähne. Er ist ein unentbehrlicher Helfer des Menschen. Indische Tierpfleger ziehen ihre Elefanten zu Arbeiten in schwierigem Gelände heran. Sie tragen gefällte Baumstämme aus dem dichten Urwald oder transportieren schwere Lasten von einer Stadt zur anderen.*

## Der Elefant im Porzellanladen

Redensarten oder Sprichwörter sind umgangssprachlich allgemein bekannte Sätze, die Lebensregeln oder Lebensweisheiten in prägnanter, kurzer Form ausdrücken. Im Alltag und in der Literatur nehmen diese Sprachelemente großen Raum ein.
Viele dieser Ausdrücke sind sehr anschaulich und bildhaft, deswegen auch leichter verständlich für Kinder. Andere wiederum sind zu abstrakt und müssen erklärt werden.

**Material:** wasserfestes Papier, Wasserfarben, Pinsel, Kataloge, Zeitungen, Werbeprospekte, Tonpapier in Grautönen, Stifte, Klebestift

Sammeln Sie mit den Kindern Redensarten, Sprichwörter und Vergleiche. Erklären Sie ihnen den Zusammenhang und die Bedeutung der Sprüche. Manche Redensarten können pantomimisch oder sogar als kleine Theateraufführung dargestellt werden. Wie kann ein Bild dazu gemalt oder eine Collage dazu hergestellt werden? Welche Materialien passen? Einen Spruch haben wir einmal wörtlich genommen!

- Die Kinder bemalen das wasserfeste Papier als Hintergrund mit blauer Wasserfarbe und legen dies zum Trocknen beiseite.
- Schneiden Sie mit den Kindern aus Katalogen Abbildungen von Gegenständen aus Porzellan aus, die „zu Bruch gehen", indem Sie sie auseinander schneiden. Die einzelnen Teile kleben die Kinder auf das zuvor blau bemalte Papier.
- Die Kinder zeichnen einen Elefanten auf Tonpapier. Legen Sie eventuell Abbildungen von Elefanten bereit und besprechen Sie mit den Kindern, wie ein Elefant aussieht.

- Der Elefant wird entweder aus Einzelteilen oder im Ganzen ausgeschnitten und auf das Bild geklebt.
- Weitere Einzelheiten wie Augen, Haare usw. zeichnen die Kinder mit Stiften dazu.

### Hinweis

Hinterfragen Sie manche dieser Sprüche, da viele nicht immer zutreffen.
„Du bist wie ein Elefant im Porzellanladen" soll zum Ausdruck bringen, dass jemand durch Ungeschicklichkeit Schaden anrichtet oder wenig Taktgefühl zeigt, also tollpatschig in Wort und Tat ist.
Allerdings trifft das auf Elefanten gar nicht zu, da diese Tiere trotz scheinbar plumper Gestalt äußerst geschickt und feinfühlig sind! Manche Vergleiche mit Tieren stimmen also nicht!

## Redewendungen zum Thema Elefant

- **Eine dicke Haut wie ein Elefant haben** ... soll ausdrücken, wenn einen Menschen so schnell nichts berührt, z.B. Ärger oder Vorwürfe ihm nichts anhaben können. Die Haut eines Elefanten ist tatsächlich bis zu 4 cm dick!
- **Aus einer Mücke einen Elefanten machen** ... bedeutet, eine Sache schlimmer darzustellen, als sie eigentlich ist, also zu übertreiben.
- **Eine Elefantenhochzeit** ... bedeutet ein Zusammenschluss großer Firmen.
- **Furcht macht aus Mücken Elefanten** ... bedeutet, dass man in gefährlichen Situationen über sich hinauswachsen kann, besonderen Mut oder wahre Stärke zeigt.
- **Ein Gedächtnis wie ein Elefant haben:** Diese Redewendung geht auf die Tatsache zurück, dass Elefanten ein sehr gutes Gedächtnis haben und sogar nachtragend sind!

## Erzählsteine

*Nach getaner Arbeit sitzen die indischen Elefantenpfleger in ihrem Lager manchmal noch zusammen und erzählen sich überlieferte Geschichten, um sich die Zeit zu vertreiben. Dabei stellen sie oft auch Szenen und Tiere, die in diesen Geschichten vorkommen, pantomimisch dar.*

**Material:** Steine, Farben, Pinsel, Klarlack, 1 Säckchen, evtl. kleine Bilder

Unsere Kinder verwenden für ihre Geschichten selbst gemachte Erzählsteine. In diesen Steinen schlummern alte Elefantengeschichten. Nimm einen Stein in die Hand und spüre den Zauber.

### Vorbereitung

Auf jeden Stein einen Buchstaben malen. Nach dem Trocknen mit Klarlack überziehen. Alle Buchstabensteine in einem Beutel sammeln. Zusätzliche Steine mit Bildern bemalen oder bekleben.

Die Kinder setzen sich in einen Kreis und ziehen reihum einen Stein mit Buchstaben oder Bildern aus dem Säckchen. Zu diesem Buchstaben oder Bild erfinden sie nun eine Geschichte. Die Spielleitung beginnt, zieht einen Stein, z.B. mit dem Buchstaben **„E"**, reibt den Stein zwischen ihren Händen und erzählt: „Die Elefanten im Tierpark bekommen von den Besuchern täglich frisches Obst und Gemüse. Über den Elefantengraben im Zoo reicht Elias der Elefantendame Elsa eine **E**rdbeere, die sie genüsslich mit ihrem Rüssel aufnimmt und in ihren Mund schiebt.

Nun greift ein Kind nach einem Erzählstein und zieht z.B. den Buchstaben **„B“**. Es erzählt: „Ich füttere das Elefantenkind mit einer Banane.“ Das nächste Kind zieht einen Stein, z.B. mit dem Buchstaben **„K“**: „Meinen Kaugummi gebe ich dem Elefanten nicht, sonst bekommt er Bauchweh.“

## Buchstaben ertasten

*Die Herstellung verschiedener Buchstaben mit einem passenden Anlautbild dazu, z.B. „E“ und „Elefant“ macht den Kindern viel Spaß.*

**Material:** Stoffreste (z.B. ausgediente Farb- und Musterkataloge), Bänder, Pfeifenputzer, Federn, fester Zeichenkarton (mind. DIN A4), Buntstifte, Schere, Kleber, evtl. Schachtel

Gestalten Sie gemeinsam mit den Kindern ein Farb- und Tastbilderbuch zum Alphabet oder so nach und nach eine große Anlauttabelle für die Wände des Gruppenzimmers. In einer Schachtel angeboten, können sich die Kinder ausgiebig mit den Stoffen befassen, die verschiedenen Qualitäten ertasten und unterschiedliche Farbtöne vergleichen.

### Tipp

Bunte Stoffreste erhalten Sie in Fachgeschäften, z.B. Schneidereien, Polstergeschäften, Möbelhäusern oder Stoffläden. Dort bekommen Sie ausgediente Farb- und Musterkataloge oft geschenkt.

### Hinweis

Je öfter ein Buchstabe ertastet wird, desto leichter erkennt das Kind diesen wieder, da sich die Formen und die Schreibbewegung des Buchstabens über den Tastsinn besonders gut einprägen. Dabei sollte der befühlte Buchstabe immer benannt werden. Damit sich keine falschen Bewegungsabläufe verfestigen, sollte der Buchstabe mit den Schreibfingern ertastet und in Schreibrichtung nachgefahren bzw. „erfühlt“ werden.

### Varianten

- Buchstaben in das ABC-Buch kleben und mit den Fingern nachfahren.
- Den Buchstaben dick auf feines Sandpapier schreiben und nachfahren.
- Buchstaben aus Pfeifenputzern biegen.
- Buchstaben mit den Fingern gegenseitig auf den Rücken schreiben und erraten.
- Buchstaben in Seife, Ton oder Ytong kratzen.
- Buchstaben aus Ton oder Knetmasse kneten und formen.

## Geschichtenbuch

*Zu einer sprachlich anregenden Umwelt gehört das Erzählen und Vorlesen. Dabei wird die Fantasie gefördert und durch das intensive Zuhören die Konzentration geschult. Kinder erweitern ihren Wortschatz, da sie viele Begriffe hören, die in der „Alltagssprache“ oft nicht benutzt werden. Spiele bieten den Kindern die Möglichkeit, sowohl in die Rolle des Zuhörers als auch in die des Erzählers zu schlüpfen.*

**Material:** Heft oder Ringbuch mit einzelnen Blättern, Schreibzeug, Buntstifte

Halten Sie Geschichten, die erzählt wurden, schriftlich fest und gestalten Sie mit den Kindern zusammen ein eigenes Geschichtenbuch (→ S.6, ABC-Buch). Kinder erleben auf diese Weise, wie Sprache zur Schriftsprache wird, dass Inhalte so nicht verloren gehen, und schulen auf spielerische Weise ihre Erzählkompetenz. Sie werden viel Spaß haben und sehr stolz auf ihre Autorentätigkeit sein.

Die Kinder diktieren die Geschichte und der Erwachsene schreibt sie auf. Sie können hier dem Kind aufzeigen, wie eine Geschichte aufgebaut wird und können Tipps geben (Reihenfolge einhalten, Abläufe und Zusammenhänge erklären oder Spannungsbogen aufbauen).
Die Bilder werden von den Kindern selbst gestaltet, manche Buchstaben oder sogar Wörter und Sätze können je nach Wissensstand selbst geschrieben werden.

## Elefant

*Wie sieht ein Elefant aus?*

**Material:** Stoffreste, große Schachtel, Schere, evtl. Pfeifenputzer
**Vorbereitung:** Die Materialien sammeln und am besten in einer großen Schachtel ordnen, damit alles beisammen ist, wenn die Bilder gestaltet werden.

Überlegen Sie mit den Kindern, wie der Elefant aussehen soll: Welche Farbe hat er? Hat er große oder kleine Ohren? Welches Material passt dazu? Geben Sie den Kindern genügend Zeit zum Wählen, Befühlen und Aussuchen. Auf das ausgewählte Material das Motiv zeichnen und die Teile ausschneiden. Beim Ausschneiden oder Formen der Buchstaben (z.B. aus Pfeifenputzern) sollten Sie dem Kind helfen (→ S. 8). Die einzelnen Teile und den Buchstaben selbst auf dem Zeichenkarton anordnen und aufkleben. Wer möchte, kann das Bild noch mit Buntstiften weiter bemalen (z.B. ein Gesicht aufmalen).

## Sandgestöber (Spritztechnik)

*Der Elefant benutzt seinen Rüssel nicht nur zum Atmen und zum Greifen von Nahrung, er kann damit auch Wasser oder Sand aufsaugen und sich anschließend selbst abspritzen. Vielleicht gelänge ihm mit dieser Spritztechnik ein schönes Bild, würde er mit Farbe auf Papier spritzen.*

**Material:** alte Zahnbürste oder Borstenpinsel, Küchensieb oder Spritzgitter (aus dem Fachhandel), Wasserfarben, Wasserglas, Mallappen, festes Tonpapier, Schere, Stecknadeln, Malerkittel oder Schürze, Zeitungen (zum Schutz des Arbeitsplatzes)

- Buchstaben aus festem Tonpapier ausschneiden. Sie dienen als Schablone (→ S. 8).
- Mit der Schablone das Papier abdecken. Damit sich die Buchstaben durch die Farbe nicht nach oben wölben, ist es ratsam, sie mit Nadeln festzustecken.
- Mit einer feuchten Zahnbürste oder einem Borstenpinsel Farbe aus dem Wasserfarbkasten aufnehmen. Dabei überflüssiges Was-

ser am Mallappen abtupfen, damit es beim Spritzen keine großen Kleckse gibt.

- Das Sieb etwa 10 cm über dem Papier mit der Schablone halten und mit der Bürste über das Sieb streichen. Die Bereiche, die abgedeckt sind, bleiben hell.

### Tipp

Da die Farbspritzer meistens nicht nur auf dem Papier landen, sind eine Schürze oder ein Malerkittel und ein abgedeckter Arbeitsplatz wichtig. Die Spritztechnik nicht direkt im ABC-Buch ausprobieren, sondern auf einem extra Blatt Papier, das später getrocknet und zurechtgeschnitten ins Buch geklebt wird.

## Zungenbrecher

**E**lefanten **e**ssen **e**msig **E**rdnussbutter.
**E**lf **E**lefantenkinder **e**rfinden **e**rstaunliche **E**lefantengeschichten.
**E**lefantendame **E**delgard **e**rhält **e**rlesene **E**delmoccapralinen.

# Weitere Anregungen

# F – Fasching

*Mit dem Fasching – in vielen Gegenden heißt er auch Karneval oder Fastnacht – wird der Winter ausgetrieben. Die kalte Jahreszeit soll endlich dem lang ersehnten Frühling weichen. In einigen Gegenden ist es Brauch, mit Getöse und wilden Verkleidungen dem Winter Beine zu machen. Viele Faschingsfeste und Faschingsumzüge finden in diesen Wochen statt, auf denen die Menschen ausgelassen singen, tanzen und feiern. Den Kindern gefällt die Faschingszeit natürlich auch. Mit Begeisterung sind sie dabei, wenn es darum geht, ein Faschingsfest zu planen. Dekorationen und Verkleidungen anzufertigen oder Spiele und Speisen für eine Faschingsparty vorzubereiten, macht ihnen dabei sehr viel Spaß.*

## Schau genau! Faschingsumzug

*An vielen Orten finden zur Faschingszeit Umzüge statt. Clowns, Piraten, Indianer, Prinzessinnen und andere verkleidete lustige Gesellen fahren auf dekorierten Wagen durch die Straßen. Sie werfen Konfetti in die Menge und zur Freude der Kinder auch Bonbons und andere Süßigkeiten. Unsere Faschingsnarren bewerfen die Zuschauer am Straßenrand mit vielen großen und kleinen Buchstaben.*

Wer findet alle „**F**" und „**f**" heraus?

## F – Feenspiel

*Bei diesem Spiel müssen die Kinder bewusst auf den Klang von Wörtern und Wortteilen achten, also genau hinhören.*

Die Fee (die Spielleitung) spricht ein Reimwort (z.B. „Fackel") mehrmals hintereinander deutlich betont aus und lässt dann einfach den ersten Buchstaben weg: „ackel". Nur die Kinder, die aufpassen, können den Buchstaben zurückzaubern, indem sie in die Hände klatschen! Nun spricht die Fee das passende Reimwort dazu: „Dackel" und lässt diesen Anfangsbuchstaben auch verschwinden. Wer hört genau hin?

| | |
|---|---|
| _*ose* (R, H, D) | _*est* (N, R) |
| _*aus* (M, H, L) | _*aler* (T, M) |
| _*iese* (W, R) | _*onne* (T, S) |
| _*isch* (T, F) | _*aum* (B, S) |

### Varianten

- Die Kinder tauschen in einem Wort die Buchstaben aus oder zaubern sie weg, um die Fee zu ärgern!
- Die Kinder dürfen als Fee Buchstaben wegzaubern, z.B. auch die Anfangsbuchstaben von Namen.
- Die Kinder laufen im Zimmer umher. Sobald die Spielleitung einen Buchstaben wegzaubert, setzen sich die Kinder auf den Boden.
- Neben Reimwörtern können viele andere Wörter ihren Anfangsbuchstaben verlieren: (F)oto, (F)arbe, (F)uchs, (F)abrik ...

### Hinweis

Die Begriffe sollten aus dem Erfahrungsbereich der Kinder kommen, für jüngere Kinder bieten sich besonders Reimwörter an. Sollten die Buchstaben nicht gefunden werden, können Sie auf die passenden Begriffe zeigen, die entsprechenden Dinge dazu holen und pantomimisch darstellen.

## Fischfutter (Rezept)

*Zu einer richtigen Party gehören leckere Speisen. Schon die Vorbereitung der Fische macht großen Spaß und die Gäste werden bestimmt mit viel Genuss das „Fischfutter“ verzehren. Je nach Geschmacksrichtung werden die Brote mit Wurst, Käse oder Gemüse belegt.*

**Zutaten:** Brotscheiben, Frischkäse, Salamischeiben, Käsescheiben, Tomaten, Radieschen, Gurken, Petersilie, Schnittlauch, Erbsen, Rosinen, Salatblätter, Messer, Schneidebrett, Teller

- Die Kinder bestreichen eine Brotscheibe mit Frischkäse, schneiden aus dem Brot eine kleine Ecke heraus und lege sie als Schwanzflosse hinten an.
- Mit Rosinen oder Erbsen legen sie ein passendes Fischauge auf und dekorieren den Fisch mit Schnittlauch oder Petersilie.
- Je nach Geschmack bereiten sie auf diese Art Käsefische, Gemüse- oder Wurstfische zu.
- Als Schwanzflosse verwenden sie zurechtgeschnittene Salatblätter.

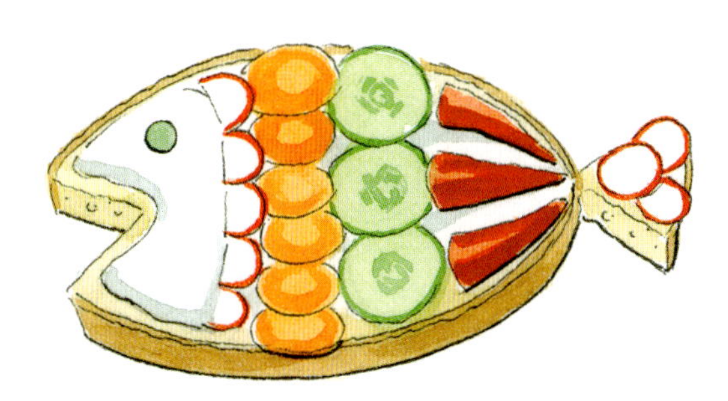

### Variante

Mit Nahrungsmittel lassen sich auch leckere Buchstaben zaubern, die einfach aufgegessen werden können! Wie wäre es mit den jeweiligen Anfangsbuchstaben oder mit den Namen der Gäste auf dem Teller? Mit Gurkenscheiben, Radieschen, Tomaten oder Käsestücken kann jeder Buchstabe gelegt werden.

### Hinweis

Lassen Sie die Kinder an allen Schreib- und Leseaktivitäten teilhaben, so erkennen sie den Zusammenhang zwischen gesprochener und geschriebener Sprache. Lesen Sie das Rezept vor und begleiten Sie mit einem Finger die Wörter – Schrift wird zu gesprochener Sprache!
Sprechen Sie leise mit, wenn Sie den Einkaufszettel schreiben, beziehen Sie das Kind mit ein: „Was brauchen wir noch? Brot, Käse muss ich noch aufschreiben" – gesprochene Sprache wird zu Schrift!
Das Kind kann die Zutaten aufmalen und Sie schreiben das Wort daneben. So wird dem Kind noch eine Bedeutung von Schrift in diesem Zusammenhang klar: Es wird nichts vergessen!

## Nahrungs-ABC

*Dieses Spiel kann ohne großen Aufwand auch mit größeren Gruppen zu vielen unterschiedlichen Themen und Oberbegriffen angeboten werden. Je nach Alter und Wissensstand werden Unsinnwörter, Namen, Länder, Tiere, Gegenstände oder Kleidungsstücke zu den jeweiligen Buchstaben gesucht.*

**Material:** festes Tonpapier, Schere, Filzstifte, Klebestifte
**Vorbereitung:** Aus Karton Kärtchen (ca. 5 × 5 cm) zurecht schneiden und auf jede Karte einen Großbuchstaben schreiben.

Die Buchstabenkarten umgedreht in die Mitte eines Tisches legen. Die Partygäste setzen sich um den Tisch. Ein Kind beginnt, indem es einen Buchstaben aufdeckt. Wer findet zu diesem Buchstaben die meisten Nahrungsmittel?
**F** wie: Fleischklöße, Flips, Feigen, Fenchel, Fischstäbchen, Fruchtsaftgetränk, flambierte Früchte ...

*Was essen Hexen eigentlich am liebsten? Antwort: flambierte Fischaugen, falschen Fenchel, fauligen Fraß, fusselige Frotteesocken, feuriges Funzelbier, flaumige Furunkel, fleckigen Fußschweiß ...*

Die hungrigsten Kinder sollten mit diesen Speisen verwöhnt werden!

### Tipp

Sind keine Karten zur Hand, können die Buchstaben auch von den Mitspielern abwechselnd bestimmt werden.

## Namenssuche (Partyspiel)

*Dieses lustige Partyspiel wird den Gästen sicher gefallen. Die Vorbereitung ist nicht schwer, kostet aber etwas Zeit. Dafür gibt es mehrere Spielvarianten.*

**Material:** festes Tonpapier, Schere, Filzstifte, Klebestifte; evtl. Plakatfläche (um die Namen aufzukleben)

### Vorbereitung

- Schreiben Sie die Namen der Gäste auf und zählen Sie dabei die einzelnen Buchstaben ab. Die Anzahl der Buchstaben bestimmt die Anzahl der Kärtchen, die Sie brauchen.
- Aus Karton schneiden Sie diese Kärtchen (ca. 5 × 5 cm) zurecht.
- Schreiben Sie mit Filzstiften die Namen der Gäste auf die Kärtchen, dabei jeweils nur einen Buchstaben auf ein Kärtchen schreiben.

### Spielvarianten

1. Vor der Party alle Buchstabenkarten im Raum verstecken. Wenn die Gäste da sind, dürfen sie sich auf die Suche machen. Wer alle Buchstaben seines Namens gefunden hat, klebt sie auf das vorbereitete Plakat. Während der Feier bleibt das Plakat mit den aufgeklebten Namen für alle sichtbar hängen, z. B. an der Tür. So kann es für weitere Spiele auch als Anzeigetafel für den Punktestand verwendet werden.
2. Alle Buchstabenkärtchen liegen zusammen mit den Filzstiften verteilt auf dem Tisch. Die Gäste suchen sich ihre Buchstaben aus, bemalen und verzieren die Kärtchen mit den Filzstiften. Am Ende der Party darf jeder seine Buchstaben mit nach Hause nehmen und hat so ein hübsches Namensschild gestaltet.
3. Die Buchstabenkarten liegen umgedreht auf dem Tisch. Jedes Kind darf sich eine bestimmte Anzahl von Kärtchen nehmen. Wer kann ein Wort zusammenstellen? Die Buchstaben dürfen auch ausgetauscht werden.
4. Ein Kind zieht einen Buchstaben. Wer findet zu diesem Buchstaben die meisten Begriffe? Dabei kann der Schwierigkeitsgrad erhöht werden, wenn aus verschiedenen festgelegten Bereichen gesucht wird, z. B.: Tiere, Berufe, Länder, Spielzeug, Obst.
5. Wer findet lustige Schimpfwörter zu den Buchstaben oder ein Räuber-ABC?

## Für das ABC-Buch: Fingerdruck

**Material:** Bleistift, Stempelkissen oder Fingerfarbe

Schreiben Sie dem Kind mit Bleistift die Buchstaben „F“ und „f“ vor. Mit den Fingern druckt das Kind den Buchstaben entlang der Bleistiftlinie.

## Zungenbrecher

*Frau Fuchs feiert Freitag fröhlich Fasching.*
*Fünf fesche Flamingos fangen fliegende Fische.*
*Feste feiern finden flotte Falken fein.*
*Fünf fröhliche Frösche finden fünf fette Fliegen.*

# Weitere Anregungen

# G – Geister

*Geister spuken in der Nacht in alten Gemäuern umher und erschrecken uns Menschen mit ihrem Geheule. Zumindest glauben manche Leute fest an solche Wesen, obwohl noch niemand den Beweis erbringen konnte, dass es sie tatsächlich gibt. Ein Gespenst zu spielen, sich dabei in ein weißes Betttuch zu hüllen und unheimliche Laute von sich zu geben, macht vielen Kindern Spaß. Schafft man mit etwas schummrigem Kerzenlicht und schaurig-schönen Geschichten die richtige Atmosphäre, so kann es auch dem frechsten Betttuchgeist unter uns in seiner Verkleidung ein wenig bange werden.*

## Geistergeschichte

**Material:** pro Kind 1 Buchstabenkarte (→ S. 8) mit den Buchstaben „**G**"

Geben Sie den Kindern eine Buchstabenkarte mit dem Buchstaben „**G**" in die Hand. Immer wenn die Kinder den Buchstaben hören, halten sie die Karte in die Höhe und stimmen ein Gespenstergeheul an.

*In einer Vollmondnacht treffen sich im runden Turmzimmer des alten Schlosses Gruseltal vier kleine Geister; der grausige Gorgo, der garstige Gak, der grässliche Georg und die gruselige Gigi. Gemütlich sitzen sie beisammen und erzählen sich die schauderlichsten Geistergeschichten.*
*„Als ich letzte Woche nachts auf dem Dachboden des Schlosses Gruseltal spukte, sang ich mein Geisterlied mit so grässlicher Stimme, dass sogar die unerschrockenen Fledermäuse vor Angst erschauderten und aus dem Dachfenster flüchteten!", prahlt der grausige Gorgo.*
*„Das ist doch noch gar nichts!", erwidert der garstige Gak.*
*„Als ich vor drei Nächten durch die Gänge des Schlosses spukte und mein grelles Schreien anstimmte, zitterten die Wände und alle Gruseltaler auf den Bildern in der Ahnengalerie hielten sich ängstlich die Ohren zu!"*
*Die gruselige Gigi ist von den Geschichten des grausigen Gorgo und des garstigen Gak überhaupt nicht beeindruckt.*
*„Gegen mein grauenvolles Spuken kommt ihr nicht an!", tönt sie lauthals.*
*„Als ich gestern Nacht durch die grabesstille Gruft der Familie Gruseltal spukte, rasselte ich so gewaltig mit meiner Geisterkette, dass die verstorbenen Gruseltaler sich nicht aus ihren Gräbern trauten und ängstlich mit ihren Gerippen klapperten!"*
*Die drei kleinen Geister kichern vergnügt vor sich hin, als sie ihre Geschichten erzählen.*
*„Psst, seid einmal still!", unterbricht der garstige Gak plötzlich. „Hört ihr auch das Gurren und Grollen?"*
*Der grausige Gorgo und die gruselige Gigi lauschen gespannt.*
*„Jetzt hör ich es auch!", flüstert Gorgo ängstlich.*
*„Ja, es wird lauter und kommt immer näher! Schaut doch da draußen, es ist so weiß wie wir und kommt direkt auf uns zugeflogen!", bibbert Gigi.*
*„Lasst uns schnell verschwinden! Ich glaube, wir haben mit unseren Lügengeschichten die anderen Geister verärgert!", befürchtet Gak, und mit aufgeregtem Gebrummel fliegen sie so schnell wie möglich aus dem Turmzimmer.*
*Fast zur gleichen Zeit landet mit wildem Flügelschlag eine junge weiße Taube auf dem Fenstersims des Turmzimmers, um sich ein wenig auszuruhen. Sie hat die drei Geister gerade noch davonfliegen sehen und schüttelt verwundert ihren Kopf.*
*„Wenn ich meinen Freunden erzähle, dass sich der grausige Gorgo, der garstige Gak und die gruselige Gigi vor mir fürchten und fliehen, glaubt mir das keiner!"*

## Gruselwörter

*Unsere kleinen Geister sind nicht immer so mutig, wie sie gerne wären. Deshalb sammeln sie mit Vorliebe Wörter, die ein bisschen gruselig sind und erfinden kleine Geschichten dazu, die sie sich nachts erzählen, um sich gegenseitig ihre Furchtlosigkeit zu beweisen.*

**Material:** kleine Karten, Schreibmaterial, 1 Schachtel mit 2 Fächern

Sammeln Sie Gruselwörter in einer Schachtel, unterteilt in Eigenschafts- und Tätigkeitswörter und Hauptwörter, z.B. *grausam, garstig, gruselig, grauenhaft, grässlich, grollen, grölen, grobschlächtig, gehässig, griesgrämig, grausig, Gejammer, Grab, Gruft, Gewölbe, Gerippe, Geist, Gespenst, Grobian, Geheule, Getöse, Geisterstunde, Gefahr ...*
Lassen Sie die Kinder Begriffe ziehen, zu denen alle zusammen kleine Geschichten erfinden können.

### Beispiel

*Der gehässige, grausame Grobian Galem schläft am liebsten in einem tiefen Gewölbe. Nachts um 0 Uhr wacht er auf und entsteigt seiner Gruft, um Menschen, die zu der Uhrzeit noch unterwegs sind, zu erschrecken. Ist ihm das mit großem Gegröle gelungen, verzieht er sich hocherfreut in sein Grab zurück.*

Wem fällt eine gruselige Geschichte ein?

## Geister-Quartett

*Eigentlich wollen unsere vier Geister viel lieber spielen, als immer Menschen erschrecken zu müssen. Im Grunde sind sie nette Wesen, die sich oft zum Quartett spielen im Turmzimmer treffen. Im Laufe der Zeit haben sie ein tolles Kartenspiel selbst hergestellt.*

**Material:** je 4 Karten pro Buchstaben (= 104 Karten für das ganze Alphabet), Buntstifte, evtl. Zeitschriften, Kataloge, Schere, Klebstoff

### Vorbereitung

Aus Tonkarton gleich große Rechtecke als Spielkarten für das Quartett schneiden. (Wem dies zu aufwändig ist, kann im Fachhandel vorgefertigte Spielkarten kaufen.) Die Buchstaben, Wörter oder Bilder auf die Karten aufmalen und -schreiben oder Bilder aus Katalogen ausgeschnitten aufkleben. Auf diese Weise können Sie mit Buchstaben, die den Kindern bekannt sind, beginnen und so nach und nach das ganze Alphabet gestalten.

Ziel dieses Spiels ist es, möglichst viele Bildpaare zu bekommen, um diese abzulegen. Wer zum Schluss keine Karten mehr in der Hand hält, hat gewonnen. Anfangs werden alle Karten an die Spieler verteilt. Wer jetzt schon vier passende Karten hat, darf diese ablegen. Es startet ein Spieler und zieht vom rechten Nachbarn eine Karte. Danach ist der nächste Spieler an der Reihe.

Die Abbildungen auf den Karten können je nach Alter und Wissensstand der Kinder gestaltet und später auch einmal gemischt werden, um den Schwierigkeitsgrad zu verändern:

### 1. Anlaut-Quartett:

*Diese Spielkarten sind ideal zum Kennenlernen und Einführen der Buchstaben. Die Buchstaben (groß und klein) werden dabei zusammen mit dem passenden Anlautbild gezeigt. So lernen die Kinder ganz nebenher zum passenden Anlautbild den geschriebenen Buchstaben kennen.*
*Bemalen und bekleben Sie vier Karten, die mit demselben Buchstaben beginnen, z.B. „Geige, Geist, Gans, Gabel“ – die passenden Buchstaben jeweils in die Ecken der Karten schreiben.*

### 2. Anlaut-Buchstaben-Quartett:

*Die Kinder lernen, dass ein Laut durch Zeichen, den Buchstaben, repräsentiert wird. Bei diesem Spiel müssen die Buchstaben auf den Karten schon bekannt sein, da es um die Verbindung von Buchstabe und Anfangslaut des Bildes geht. Die Kinder entwickeln Verständnis für die Buchstaben-Laut-Verknüpfung, eine wichtige Voraussetzung für das spätere Lesenlernen.*

Für das Quartett zwei Karten mit dem Buchstaben und einem Gegenstand bemalen, z.B. „G – Geige, G – Gabel“ und auf die anderen beiden Karten jeweils nur den Buchstaben schreiben.

### 3. Buchstaben-Quartett:

*Hier lernen die Kinder neben der Schreibschrift auch die Zuordnung von Groß- und Kleinbuchstaben kennen. Sie trainieren ihre optische Wahrnehmung und lernen, dass es sich trotz unterschiedlicher Form und Größe um denselben Buchstabenlaut handelt.*

Schreiben Sie auf zwei Karten je den Groß- und Kleinbuchstaben in Druckschrift, auf die anderen Karten die Buchstaben jeweils in Schreibschrift.

### Hinweis

Für jüngere Kinder können die Karten auch als Paare, also nur zwei passende Buchstaben oder Bilder, gestaltet werden. Diese Karten lassen sich für vielfältige Spiele einsetzen, unter anderem kann nach den Memory-Regeln gespielt werden. Lenken Sie die Aufmerksamkeit der Kinder bei der Einführung der Spielkarten auf den jeweiligen Anfangsbuchstaben eines Wortes und sprechen Sie diesen deutlich aus. Achten Sie bei der Einführung der Karten darauf, alle Buchstaben lautgetreu auszusprechen: also „**G**“ nicht „**GE**“. Neben der optischen Differenzierung üben die Kinder so spielerisch den Buchstaben mit dem entsprechenden Laut zu verknüpfen.

# Geister-Kanon

*Der Kanon ist eine Gesangsart, bei der die Sänger, zum Beispiel in vier Gruppen aufgeteilt, mit dem gleichen Lied nacheinander beginnen. Dabei wird ein bestimmter Abstand eingehalten, damit das Lied harmonisch klingt.*

Text und Melodie: Werner Tenta

*Kommt doch alle, ihr lieben Geister,*
*tanzt mit eurem Gespenstermeister!*
*Heult und jault dann um die Wette,*
*rasselt mit der Geisterkette!*

Die Kinder in drei oder vier Gruppen aufteilen, die sich jeweils zusammenstellen. Zunächst singen alle den Kanon mehrmals zusammen, bis ihn alle beherrschen. Dann beginnt die erste Gruppe alleine. Damit das Lied harmonisch klingt, beginnen die nächsten Gruppen in einem Abstand von zwei Takten ebenfalls zu singen. Nach einigen Durchläufen zeigt die Spielleitung den gemeinsamen Schluss an.

## Für das ABC-Buch: Geheimschrift

*Auch kleine Geister wollen schreiben lernen. Zum Üben benutzen sie aber keine Bleistifte oder Füller, sondern zugespitzte Kerzen! Auf diese Weise schicken die kleinen Geister sich regelmäßig geheime Botschaften.*

**Material:** Bleistift, Zeichenpapier, gewöhnliche Haushaltskerzen oder weiße Wachsmalkreide, Wasserfarben, Wasserglas, Pinsel
**Vorbereitung:** Die Kerze am Ende keilförmig zuschneiden.

- Schreiben Sie den Buchstaben mit Bleistift auf das Zeichenblatt großflächig vor.
- Mit der Kerze (oder weißer Wachsmalkreide) fährt das Kind den Buchstaben auf dem Zeichenblatt mehrfach mit Druck nach.
- Mit einem breiten Pinsel trägt es wässrige Farbe auf.
- Wenn die Farbe getrocknet ist, die Fläche um den Buchstaben ausschneiden und in das ABC-Buch kleben.

## Zungenbrecher

*Gruselige Geister grüßen grölend grauenhafte Gerippe.*
*Griesgrämiger Geist gräbt grausiges Grab.*
*Garstiges Gespenst grölt grässliche Gruftlieder.*

# Weitere Anregungen

# H – Hexen

*Hexen machen viel Schabernack und Unfug, besonders, wenn es ihnen langweilig ist. Sie lieben es, alles auf den Kopf zu stellen und andere damit zu ärgern. Viele ihrer Streiche haben sie geplant und freuen sich diebisch darüber, wenn sie ihnen gelingen. Doch manchmal verursachen sie unfreiwillig ein Chaos. Gerade jungen Hexen unterlaufen noch so manche Fehler beim Einüben ihrer Zaubersprüche. Kein Wunder, denn im Alter von 200 bis 300 Jahren kann man von so unerfahrenen und jungen Hexenlehrlingen nicht erwarten, dass alles gleich perfekt gezaubert wird. Schaut euch nur an, was diese Hexen alles verwechseln und verdrehen!*

## Verdrehte Welt

Welche Wörter haben die Hexen vertauscht?

*Max, der sonnt sich in der Tonne,*
*das Wasser sammelt man in der Sonne.*
*Auf der Gabel stolziert der Kater,*
*mit dem Giebel isst der Vater.*
*Auf dem Pferd da sitzt ein Gitter,*
*in dem Fenster ist ein Ritter.*
*Das Kleid hat einen schönen Baum,*
*der Affe hüpft von Saum zu Saum.*
*Der Hund, er leuchtet in der Nacht,*
*der Mond im Hundehäuschen wacht.*
*Die Katze trägt ihr kleines Haus,*
*die Weinbergschnecke fängt eine Maus.*
*Die Traube fliegt in ihr Haus hinein,*
*mit der Taube machen wir süßen Wein.*
*Auf einem großen Zwerg ich stand*
*und sah dabei den Berg im Sand.*
*Der Angler fängt einen großen Tisch,*
*die Blumen stehen auf dem Fisch.*
*Maria bürstet ihr Haar mit dem Schlamm,*
*Franz wälzt sich beim Fußball gern im Kamm.*
*Der Opa liest abends mal ein Tuch,*
*die Oma trägt um den Hals ein Buch.*

## Wer hört hier ein „H"?

*Ich bin die kleine Hexe Hermine*
*und hexe auf die Blume eine Biene.*
*Ich hexe Hasen in das Haus*
*und mache aus dem Hamster eine Maus.*
*Ich zaubere Hagel und Gewitter,*
*für Urlauber ist das besonders bitter.*
*Und hab ich einen großen Zorn,*
*bekommt der Hahn auch mal ein Horn.*
*Ganz bunt mach ich heute mal den Hund,*
*das eckige Haus, das mach ich rund.*
*Die Hüte lass ich vom Wind verwehen,*
*die anderen Hexen im Regen stehen.*
*Und so lang der Himmel bleibt noch hell,*
*fliegt mein Besen mich nach Haus' ganz schnell.*

## Hexe Heike

*Hexe Heike wohnt unerkannt auf dem Land und geht einer ordentlichen und geregelten Arbeit nach. Immer, wenn ihre Hexenfreundinnen sich bei ihr zum Kaffeeklatsch treffen, was sie oft tun, stellen sie ihre Hexenbesen im Garten ihrer Gastgeberin ab! Damit niemand auf die Idee kommt, dass in dem schmucken Häuschen ein Hexentreffen stattfindet, verwandeln sie ihre Hexenbesen in harmlose Gartenstäbe, die am Zaun oder neben Büschen stehend den Garten dekorieren.*

**Material:** kleinere Äste mit Gabelungen oder besonderen Formen, Holzabfälle, Gartenschere, Tannen- und Fichtenzapfen, Fruchthülsen, Moos, Holzleim, Getränkekiste oder Gefäß mit Sand; evtl. (wasserfeste) Acrylfarben, Klarlack, verwittertes Holzbrett

- Sammeln Sie mit den Kindern zusammen auf einem Waldspaziergang verschiedene Naturmaterialien.
- Zu Hause angekommen betrachten die Kinder ihre Fundstücke und ordnen diese so zu, dass sie zusammen mit den Resthölzern Augen, Nase, Ohren, Mund und Haar der Hexenbesen gestalten können. Manche überflüssigen Verästelungen mit der Gartenschere abschneiden.
- Stellen Sie den Ast in eine Getränkekiste oder in ein Gefäß mit Sand, um ihren Hexenbesen rund herum frei gestalten zu können und kleben Sie mit den Kindern die zuvor ausgesuchten Einzelteile an.

### Variante

Von den gesammelten Naturmaterialien bleiben in der Regel genügend kleine Zweige und Äste übrig, mit denen die Kinder schöne Namensschilder gestalten können.

- Die Kinder schneiden die Zweige in passender Länge für die Buchstaben zu und legen diese zu dem gewünschten Namen zusammen.
- Mit Farbe grundieren sie die Einzelteile auf der Oberseite und legen sie zum Trocknen auf Zeitungspapier.
- Nach dem Trocknen verzieren sie die Buchstabenteile mit Mustern weiter.
- Wenn alles trocken ist, kleben sie die Buchstaben auf eine passende Unterlage, z. B. ein verwittertes Holzbrett.

### Hinweis

Mit wasserfesten Acrylfarben oder Klarlack überzogen, wird das Namensschild wetterfest und kann im Freien angebracht werden.

# Hexenlied

*In der Märchenwelt vollbringen freundliche Hexen mit ihren Zaubereien gute Taten. Dass dabei auch manchmal etwas schiefgehen kann, davon erzählt uns dieses Lied.*

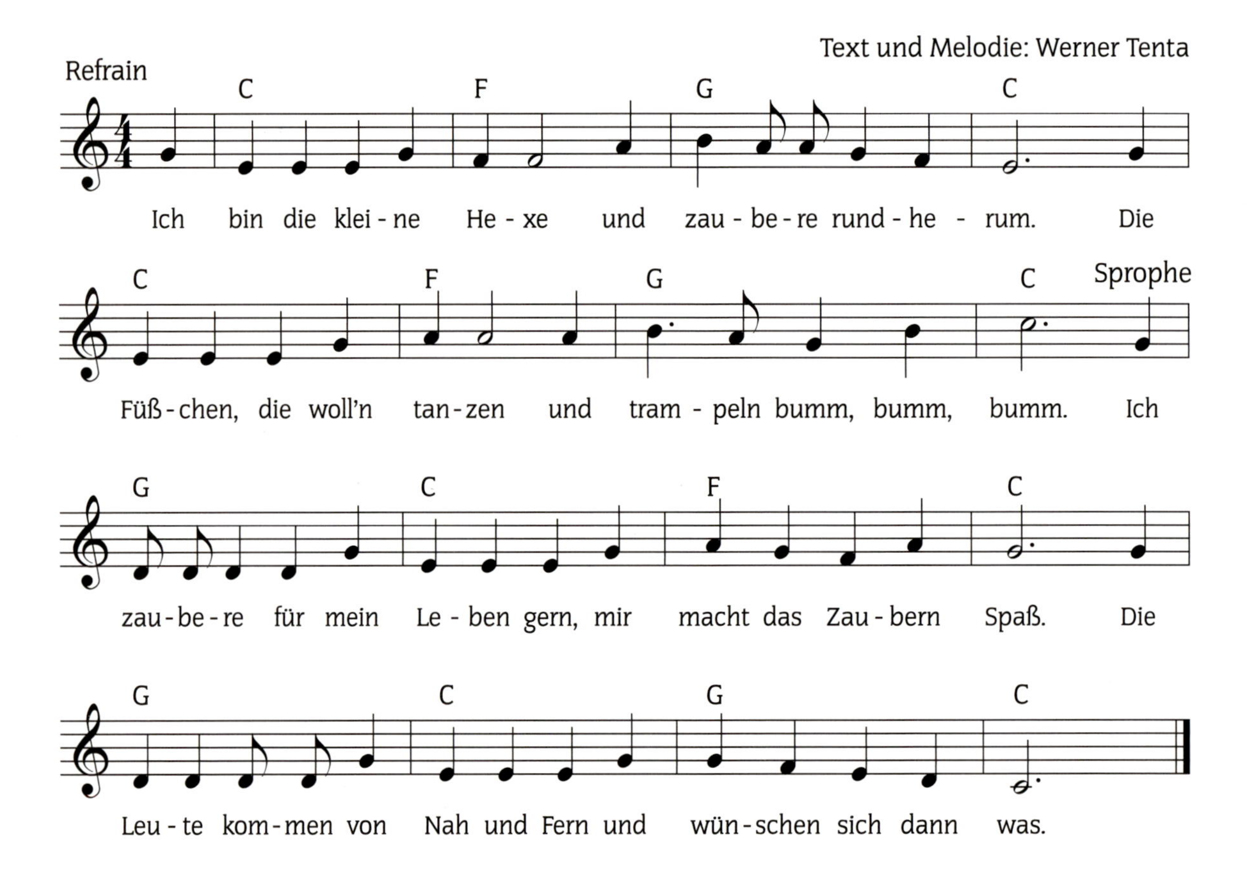


**Refrain**
*Ich bin die kleine Hexe*
*und zaubere rundherum.*
*Die Füßchen, die woll'n tanzen*
*und trampeln bumm, bumm, bumm.*

*1. Ich zaubere für mein Leben gern,*
*mir macht das Zaubern Spaß.*
*Die Leute kommen von Nah und Fern*
*und wünschen sich dann was.*

*2. Der Erste bringt seine Henne mit,*
*sollt ihm mehr Eier legen.*
*Mein Zauberspruch war nicht der Hit,*
*ich ließ es Steine regnen.*

*3. Der Zweite wollt, dass seine Kuh*
*ihm Erdbeermilch soll geben.*
*Ich zauberte in aller Ruh,*
*doch die Erde begann zu beben.*

*4. Dem Dritten tat der Bauch so weh,*
*er kam zu mit gerannt.*
*Ich zauberte mit Krötentee,*
*hab seinen Hut verbrannt.*

*5. Und geht beim Zaubern mal was schief,*
*hab ich trotzdem Spaß daran.*
*Auf jedes noch so große Tief*
*schließt sich ein Hoch bald an.*

## Die Waldhexe Isebith

*Die kleine Waldhexe Isebith hat sich im Zauberladen ein Buchstabenspiel gekauft, um sich die langen Winterabende mit ihrer Freundin, der Moorhexe Sabedath, besser vertreiben zu können. Sie steckt das Spiel in ihren Rucksack und reitet voller Vorfreude auf ihrem Besen nach Hause. Immer wieder fliegt sie übermütig Kapriolen, steigt mit ihrem Besen ganz steil nach oben, um dann im Sturzflug nach unten zu sausen. Sie lacht und kreischt dabei wie die Kinder auf dem Rummelplatz, die sich in der Achterbahn vergnügen. Die Hexe Isebith bemerkt bei diesen Kapriolen aber nicht, dass viele Buchstaben aus ihrem Rucksack purzeln und durch die Luft wirbeln.*

Findest du das „**H**" in dem Bild?
Welche Buchstaben kennst du noch?

### Bewegungen zum Refrain

Die Kinder stehen im Kreis und klatschen bei der ersten Zeile rhythmisch mit. Den Text der zweiten Zeile begleiten sie mit kreisenden Armbewegungen. In der dritten und vierten Zeile des Refrains stampfen die Kinder im Rhythmus mit den Füßen auf.

## Für das ABC-Buch: Hexenzauber

**Material:** Filz- oder Buntstifte

Zeichnen Sie das „**H**“ und das „**h**“ in verschiedenen Formen vor. Die Kinder schmücken den Buchstaben mit Mustern und Ornamenten aus. So lernen die Kinder den Buchstaben in unterschiedlicher Schreibweise kennen.

# Weitere Anregungen

# I – Indianer

*Die Indianer sind die Ureinwohner Amerikas. Ihren Namen erhielten sie von Christoph Kolumbus, der vor rund 500 Jahren auf einer langen Entdeckungsreise mit seinem Schiff an einer fremden Küste gelandet war. Er glaubte irrtümlich, in Indien an Land gegangen zu sein und gab den freundlichen Ureinwohnern Amerikas den Namen Indianer. Auch bei uns gibt es Indianer, allerdings nur zur Faschingszeit. Dann verkleiden sich viele Kinder als Häuptlinge, wilde Krieger oder schöne Indianersquaws. Mit Federschmuck, Pfeil und Bogen und einer farbenfrohen Kriegsbemalung im Gesicht können Indianertänze, -spiele und -wettkämpfe veranstaltet werden.*

## Häuptling „Irrender Iltis“
### (Bewegungsspiel)

**Material:** pro Kind 1 Stuhl

Alle Stühle mit der Lehne nach innen im Kreis aufstellen. Häuptling „Irrender Iltis“ (Spielleitung) erzählt seinen Stammesbrüdern und -schwestern eine Geschichte aus seinem Indianerleben. Währenddessen gehen alle Indianer hinter dem Häuptling um den Stuhlkreis herum und machen seine Bewegungen nach. Immer wenn der Häuptling dabei einen Begriff mit dem Anfangsbuchstaben **„I“** nennt, setzen sich die Indianer schnell auf die Stühle.

Häuptling „Irrender Iltis“ erzählt:
*„Wir schleichen uns an eine Büffelherde“* (langsam in gebückter Haltung gehen)
*„Die Büffel stehen dort hinten am Horizont“* (mit der Hand an der Stirn hält er Ausschau)
*„Ach nein, das sind ja keine Büffel! Das war ein* **Irrtum**!*“* (alle Indianer setzen sich)
*„Es sind Kühe! Wir ziehen weiter.“* (aufstehen und weiterlaufen)
*„Da vorne sind sie ja! Wir zielen mit Pfeil und Bogen.“* (Indianer spannen den Bogen)
*„Hatschi! Jetzt hab ich daneben geschossen!“* (alle niesen und stampfen verärgert weiter)
*„Autsch!“* (Häuptling humpelt auf einem Bein)
*„Ich bin auf einen* **Igel** *getreten!“* (alle setzen sich schnell hin und laufen dann wieder weiter)

Und so könnte die Geschichte weitergehen:
*Der Häuptling begegnet einem* **Imker**, *der ihn fragt, ob er seine Bienen gesehen hat.*
*Der Mann kommt aus* **Italien**.
*Der Häuptling spielt auf einer Flöte. „Das ist ein schönes* **Instrument**.*“*
*Der Häuptling hört ein Summen und fragt: „Ist das ein schnarchender* **Iltis**?*“*
*Es sind die gesuchten Bienen. „Vorsicht, die* **Insekten** *kommen!“*
*„Wir müssen flüchten! Dort drüben auf der* **Insel** *sind wir sicher.“*

## Das Indianerschatz-Spiel

*Wer ein richtiger Indianer sein will, sollte schnell reagieren können. Oft müssen Indianer wilden Tieren flink ausweichen, Angriffe ihrer Feinde geschickt abwehren oder ihren Indianerschatz schnell in Sicherheit bringen.*

**Material:** Fingerfarben, „Indianerschatz" (z.B. 1 Spielkarte)
**Anzahl:** ab 4 Kindern

Die MitspielerInnen setzen sich um einen Tisch herum. In der Tischmitte liegt der „Indianerschatz". Alle Hände sind unter dem Tisch. Die Spielleitung erzählt eine spannende Indianergeschichte und alle Indianer am Tisch hören aufmerksam zu. Sobald in dieser Geschichte das Wort „Indianerschatz" vorkommt, legen alle eine Hand auf den Indianerschatz. Dem Indianer, der am langsamsten reagiert und seine Hand zuletzt auf den Schatz legt, malt die Spielleitung mit Fingerfarben einen Strich auf die Wange oder die Stirn. Natürlich erzählt sie so, dass die Indianer schon genau hinhören müssen. Sie erzählt von Indianerfedern, von einem Indianerzelt oder gar von einer Indianerschatztruhe. Wer bei diesen Wörtern zuerst nach dem Schatz auf der Tischmitte greift, erhält ebenfalls einen Strich.
Gewonnen hat der Indianer mit den wenigsten Strichen am Ende der Geschichte.
Für gute Stimmung und Heiterkeit sorgen diejenigen, die mit ihrer Indianerbemalung aussehen, als wären sie gerade auf dem Kriegspfad.

### Variante
Wer zuletzt nach dem Schatz greift oder zu voreilig reagiert, bekommt den Strich in sein Gesicht gemalt und erzählt selber die Geschichte weiter. Das Spielende wird dabei zeitlich festgelegt.

## Indianer „Schwarzes Igelauge"

Der Indianer „Schwarzes Igelauge" hat sich für seinen Ausritt ins Buchstabenland passend angezogen und viele Buchstaben dabei. Kannst du alle entdecken?

## Indianergesang

*Über Bewegungsspiele, die den Kindern besonders viel Spaß machen, wird die kindliche Entwicklung spielerisch und ganzheitlich gefördert. Bewegung setzt Lernprozesse in Gang, zudem prägen sich Lerninhalte besser ein, wenn diese mit Bewegungsabläufen gekoppelt sind.*

**Material:** Pappschablonen der Vokale A, E, I, O und U, Handtrommel
**Vorbereitung:** Denken Sie sich einen einfachen Indianersprechgesang aus, der höchstens vier oder fünf Töne umfasst.

Die Kinder haben vor allem Freude an der Fantasiesprache und bewältigen den Text sehr schnell. Üben Sie den Sprechgesang zunächst ohne Bewegung ein, dabei geben Sie den Rhythmus mit einer Handtrommel vor. Nach wenigen Versuchen können Sie das Lied nun auch mit dem Indianertanz begleiten.

Der Häuptling singt vor und alle Indianer singen nach:
Häuptling: *A alala*
Indianer: *A alala*
Häuptling: *A massa massa massa*
Indianer: *A massa massa massa*
Häuptling: *A tara tacka tamba*
Indianer: *A tara tacka tamba*
Häuptling: *A alala tacka tamba*

Die nächste Strophe singt der Häuptling auf „E“ und in den darauf folgenden Strophen alle übrigen Vokale. Dabei variiert er jedes Mal die Lautstärke, um den Indianersprechgesang für alle Beteiligten und Zuhörer noch interessanter zu gestalten.
Legen Sie nacheinander die Vokale A, E, I, O und U auf dem Boden aus und tanzen Sie mit den Kindern wie die Indianer um den jeweiligen Buchstaben herum.

### Variante

Legen Sie die Buchstabenkarten an verschiedenen Stellen auf den Boden. Geben Sie mit der Handtrommel den Laufrhythmus für die Kinder vor. In gewissen Abständen rufen Sie Begriffe aus, wobei Sie einen Vokal lang gezogen sprechen und betonen (z.B. „IIIgel, Spiiiegel, Tiiipiii, Iiiindiiianer). Die Kinder sammeln sich daraufhin in der „I“-Ecke (Buchstabenkarte „I“ liegt dort am Boden). Danach verfahren Sie mit anderen Vokalen ebenso.

## Der Vorschulindianer-Tanz
### (Bewegungs- und Singspiel)

**Material:** Handtrommel

Stellen Sie sich mit der Handtrommel in die Mitte des Raumes. Die Kinder laufen im Kreis um Sie herum. Geben Sie mit der Handtrommel den Rhythmus vor und singen Sie folgenden Refrain nach der Melodie von „Alle meine Entchen“:
„Wir Vorschulindianer singen euch was vor,
singen euch was vor,
das Alphabet von A bis Z,
und ihr singt mit im Chor.“
Dann sprechen Sie im Laufrhythmus den ersten Teil des Alphabets:
„A, B, C, D, E, F, G – und alle!“
Die Kinder sprechen beim zweiten Mal mit.
Zusammen singen Sie mit den Kindern den Refrain und stellen anschließend den nächsten Teil des Alphabets vor:
„H, I, J, K, L, M, N, O – und alle!“
Die Kinder sprechen beim zweiten Mal wieder mit. Anschließend singen Sie gemeinsam den Refrain.
Dann kommt der letzte Teil des Alphabets:
„P, Q, R, S, T, U, V, W, X, Y und Z!“
Jetzt singen Sie mit den Kindern wieder den Refrain und wiederholen zum Schluss das ganze Alphabet.

## Für das ABC-Buch: Farbe pusten

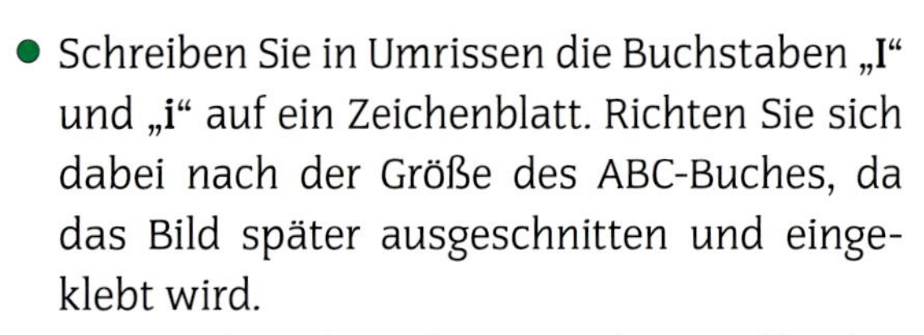

**Material:** Bleistift, festes Zeichenpapier, Pinsel, Wasserfarben, Wasserglas, Strohhalm, Schere, Kleber

- Schreiben Sie in Umrissen die Buchstaben „**I**“ und „**i**“ auf ein Zeichenblatt. Richten Sie sich dabei nach der Größe des ABC-Buches, da das Bild später ausgeschnitten und eingeklebt wird.
- Die Kindern bemalen mit Ihrer Hilfe den Buchstaben mit dünnflüssiger Farbe. Sofort nach dem Auftragen verpusten sie die Farbe mit einem Strohhalm.

## Weitere Anregungen

# J – Jahreszeiten

*Ein Jahr hat 365 Tage. Das entspricht fast genau der Zeit, welche die Erde benötigt, um die Sonne einmal zu umkreisen. Tage und Wochen fasst man zu Monaten zusammen, die wiederum in die Jahreszeiten Frühling, Sommer, Herbst und Winter unterteilt werden. Im Frühling blühen die Blumen in den prächtigsten Farben. Wenn die Sonne scheint, gehen im Sommer viele zum Baden oder Segeln. Die Winde im Herbst nutzen viele Kinder dazu, ihre Drachen steigen zu lassen. Der kalte Winter hüllt das Land in eine weiße Decke und lädt uns zum Rodeln oder Eislaufen ein. Jede Jahreszeit kann mit ihren besonderen Merkmalen oder durch bestimmte Aktivitäten beschrieben werden.*

## Jahreszeitenbuchstaben: Frühling, Sommer, Herbst und Winter

*Durch die Herstellung und Ausgestaltung von Drahtbuchstaben können Sie zusammen mit den Kindern die Jahreszeiten bildlich darstellen und später als Wand- oder Türdekoration verwenden.*

**Material:** dünner Draht, Blumendraht, Drahtzange, Zeitungspapier, Kleister, Pinsel, Deckweiß, Plakafarben, Schere, Klebstoff, Kartonreste
**Vorbereitung:** Tapetenkleister anrühren

- Die Kinder biegen den Draht zu dem Anfangsbuchstaben einer Jahreszeit (F, S, H, W). Sie können ihn auch aus mehreren Teilen zusammensetzen, indem sie die einzelnen Drahtstücke mit Blumendraht umwickeln. Überstehende Drahtteile schneiden sie mit der Zange ab.
- Die Kinder reißen alte Zeitungen in dünne Streifen und bestreichen diese mit dem Tapetenkleister.
- Diese Papierstreifen kleben sie um das Drahtgerüst des Buchstabens. Gerade die Verbindungsstellen der einzelnen Drahtteile kön-

nen damit gut versteckt werden. Je mehr Schichten Papier übereinander geklebt werden, desto besser hält das Drahtgestell nach dem Austrocknen zusammen.

- Nach dem Trocknen grundieren die Kinder das fest gewordene Papier mit Deckweiß. Die Farbschicht muss vollkommen austrocknen, bevor der Buchstabe weiter bunt bemalt wird.
- Zur Ausgestaltung des Buchstabens schneiden sie aus Karton zum Thema passende Motive aus und bemalen diese ebenfalls. Die fertigen Motive werden am Buchstaben festgeklebt.

### Hinweis

Mit dieser Technik lassen sich auch die Anfangsbuchstaben der Kinder oder ganze Namen schön gestalten, die dann auf Holz aufgeklebt besonders dekorativ wirken.

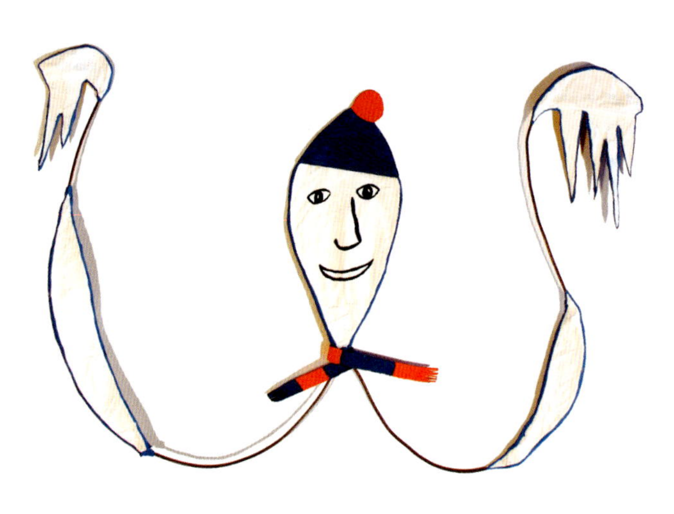

## Die vier Jahreszeiten

*Jede Jahreszeit hat ihren eigenen Reiz und bietet den Kindern aufgrund von Wetter und Temperatur unterschiedliche Möglichkeiten zur Freizeitgestaltung. Sprechen Sie mit den Kindern über ihre Vorlieben und Aktivitäten während der verschiedenen Jahreszeiten.*

**Material:** Zeichnungen oder Abbildungen zu Begriffen, die für Jahreszeiten stehen, z.B. Winter (Schnee, Eiskristalle, Ski, Schlitten, Schneeschaufel), Frühling (blühende Bäume, Frühlingsblumen, Osterhase, Ostereier), Sommer (Badeanzug, Eiskugeln, Schwimmbad), Herbst (Blätter, Kastanien, Obst, Nüsse, Drachen), Buchstabenkarten F, S, H, W (oder Jahreszeitenbuchstaben, → S. 57)

Erzählen Sie den Kindern von den Jahreszeiten und ordnen Sie gemeinsam die richtigen Gegenstände zum passenden Buchstaben: z.B. Schlitten zu „**W**“ wie Winter. Nun darf jedes Kind einen Satz dazu erfinden oder einen Wunsch äußern, z.B. „Im Winter wünsche ich mir, dass sehr viel Schnee fällt, damit ich Schlitten fahren kann.“

### Variante 1

Zeigen Sie unterschiedliche Bilder, die einer Jahreszeit zugeordnet sind, und benennen Sie diese, z.B. Sommer: Badesee, Badehose, Taucherbrille.

Wer bringt diese Begriffe in einem Satz unter? Beispiel: „Im Sommer schnappe ich mir bei gutem Wetter meine Badehose und die Taucherbrille und schwimme im Badesee.“

### Variante 2

Die Spielleitung sagt: „Ich sehe einen Gegenstand, der oft im Herbst benutzt wird und mit ‚**D**‘ beginnt.“ (Drachen)

Wer den Begriff errät, ist als nächster an der Reihe.

### Hinweis

Spiele dieser Art erweitern und festigen den Wortschatz. Zudem haben Kinder Gelegenheit, sich in Satzkonstruktionen zu üben. Regen Sie die Kinder dazu an, konsequent in ganzen Sätzen zu reden und geben Sie Erzählimpulse. Fehlerhafte Satzbildungen formulieren Sie korrekt nach, ohne direkt auf Fehler hinzuweisen.

So prägen sich beim Kind durch Zuhören und Wiederholen die richtigen Abläufe und Sprachstrukturen ein, ohne dass sie dabei durch direkte Verbesserungen verunsichert oder gar gehemmt werden.

## Lesezeichen

*Das ganze Jahr über werden Ideen für nette Geschenke gebraucht: zum Geburtstag, zu Ostern, zum Muttertag, zu Weihnachten. Wie wäre es mit einem individuellen Lesezeichen oder Namensschild?*

**Material:** strukturierte Oberflächen (z.B. Hölzer, Wellpappe, Rinde, Plastikverpackungen), Wachsmalkreiden (am besten Blöcke), weißes Zeichenpapier, buntes Tonpapier, Bleistift, Schere, Kleber

- Das weiße Zeichenpapier auf raue, reliefartige Oberflächen legen und mit Wachsmalkreiden darüber reiben, bis sich die Struktur abzeichnet.

- Die Kinder gestalten unterschiedliche Papiere, z.B. Abdrücke von Hölzern, Wellpappe, Rinde, Plastikverpackungen oder Ähnlichem, damit das fertige Bild spannender wird.
- Auf diese Papiere zeichnen Sie oder die Kinder selbst die Buchstaben in Umrissen auf, die Kinder schneiden sie aus und kleben sie auf farblich passendes Tonpapier.

### Tipp

Mit einem Laminiergerät können Sie die Bilder haltbarer machen. Etwas größer gestaltet könnte das Namensschild auch als Klebeunterlage dienen.

## Namen klatschen

Die Kinder sagen ihren Namen. Die Spielleitung klatscht zu jeder Silbe in die Hände und spricht den Namen in deutlich betonten Silben aus, z.B. Jo-han-nes, Ja-ni-na. Das Spiel geht reihum, die Kinder klatschen gemeinsam und sprechen mit.

## Für das ABC-Buch: Tolle Resteverwertung

Aus den Restpapieren zur Herstellung der Lesezeichen gestalten die Kinder die Buchstaben „J“ und „j“ für das ABC-Buch. Zeichnen Sie die Buchstaben auf dem übrig gebliebenen Papier vor und lassen Sie diese von den Kindern ausschneiden und ins ABC-Buch kleben.

# Weitere Anregungen

# K – Kobolde

*Kobolde sind witzige und freche Zwerge, die in den Märchenwäldern beheimatet sind. Sie machen sich unsichtbar, sobald ein Mensch nur in ihre Nähe kommt. Ergibt sich dabei eine Gelegenheit, den Wanderer zu ärgern, lassen sie diese nicht ungenutzt. Kobolde können aber auch recht hilfsbereit sein. In der Nacht, wenn alle Menschen tief und fest schlafen, schleichen sie sich unbemerkt in Häuser und verrichten dort Hausarbeiten. Sie spülen das Geschirr, bügeln die Wäsche, reparieren den tropfenden Wasserhahn oder machen sich anderswo nützlich. Die Freude der Hausbewohner am nächsten Morgen ist groß, wenn sie bemerken, dass sie von helfenden Kobolden besucht wurden.*

## Koboldstreich

*In der letzten Nacht trieben die Kobolde mal wieder ihren Schabernack. Sie besuchten in einer kleinen Stadt eine Schule, kletterten über die Fassade in das Klassenzimmer der Schulanfänger und versteckten die Alphabetkärtchen, die von den Erstklässlern geschrieben wurden.*

Hilf den ABC-Schützen bei ihrer Suche nach den Buchstabenkärtchen mit und finde das „**K**“.

## Klatschspiel

*Kri, kra, kru, der Kobold sucht 'nen Schuh.*
*Da schleicht er zu dem/der* (Name des Kindes) *rein,*
*doch dieser Schuh ist ihm zu klein.*
*Kri, kra, kru, da geht er wieder heim.*

Zu dem Reim haben sich zwei Kobolde, die sich gegenüber stehen, folgendes Klatschspiel ausgedacht:

- In die eigenen Hände klatschen
- 1 × mit beiden Händen gegen die Hände des Mitspielers klatschen
- wieder in die eigenen Hände klatschen
- kreuzweise die rechten Hände und dann die linken Hände zusammenklatschen
- in die eigenen Hände klatschen

Dann wiederholen die Kobolde alles wieder von vorne.

## Kobold-Stampfen

Das Spiel der kleinen Kobolde kann mit vielen Kindern im Garten oder in einem großen Raum gespielt werden. Die Kinder nehmen sich zu dritt oder viert an den Händen und gehen im Rhythmus des Stampf-Reimes durch den Raum. Bei „Kri, kra, kru" halten sie an und stampfen mit den Füßen auf den Boden. Die letzten Teile der Strophen werden immer wiederholt und verlängern somit jede Strophe.

*Die kleinen Kobolde sind nun wach,*
*Kri, kra, kru,*
*sie schleichen durch die dunkle Nacht,*
*Kri, kra, kru,*
*sind erwacht, dunkle Nacht,*
*Kri, kra, kru.*

*Der erste mit dem großen Hut,*
*Kri, kra, kru,*
*der ist mutig, der ist gut.*
*Kri, kra, kru,*
*Sind erwacht, dunkle Nacht, großer Hut, der ist gut,*
*Kri, kra, kru.*

*Der zweite hüpft auf einem Bein, …*
*mal links, mal rechts, so ist es fein. …*

*Der dritte ist ein wenig dumm, …*
*er trägt die Hose andersrum. …*

*Der vierte, der ist voller Dreck, …*
*der wäscht sich niemals, ach du Schreck! …*

*Der fünfte hat 'nen langen Bart, …*
*das Rasieren er sich spart. …*

*Doch keiner hat sie je geseh'n, …*
*weil sie unsichtbar spazieren geh'n. …*

### Hinweis

Klatsch- und Stampfspiele erfordern ein hohes Maß an Konzentration und Koordination. Die Kinder sprechen nicht nur rhythmisch den Text und achten auf die eigene Motorik, sie müssen auch die Bewegungen der MitspielerInnen mit einbeziehen. Neben der Sprache – einzelne Silben werden deutlich betont – wird also ein funktionierendes Zusammenspiel vieler Fähigkeiten verlangt, so wie dies später auch in der Schule häufig der Fall ist.

# Wortspiele

*Wenn die Kobolde einmal keine Streiche ausführen oder den Menschen helfen, sitzen sie oft um ihr Lagerfeuer im Wald und überlegen sich lustige Wortspiele. Einige davon haben sie verraten, damit sich auch andere mit diesen Spielen vergnügen können.*

## Wörterschlange

*Bei diesem Spiel kommt es darauf an, innerhalb kürzester Zeit einen Satz mit Wörtern zu bilden, die alle den gleichen Anfangsbuchstaben haben. Die Mindestanzahl der Wörter wird zuvor festgelegt.*

**Material:** Stifte, Papier, Behälter
**Anzahl:** mind. 2 Kinder

Die Kinder schreiben jeweils einen Groß- und denselben Kleinbuchstaben auf einen Zettel (schwierige Buchstaben wie C, Q, X und Y lassen sie weg), falten die Zettel zusammen und legen sie in einen Behälter. Ein Kind darf den ersten Buchstaben ziehen, z.B. ein „K k". Es bildet mit diesem Buchstaben einen Satz, in dem jedes Wort mit diesem Buchstaben anfängt, z.B. „Kobold Kilian kauft keinen kunterbunten Kühlschrank." Wer zuerst fertig ist, hat gewonnen und darf den nächsten Buchstaben ziehen.

### Weitere Beispiele

- Anna arbeitet am Abend allein am Aufsatz.
- Beatrix bezahlt beim Bäcker braunes Brot.
- Manuela mag Marmelade mit Müsli.
- Nils nimmt neben Nieten noch Nägel nach nebenan.
- Dieter darf die Dorfmusikanten dirigieren.

### Variante 1

Wer Wörter mit dem gleichen Anfangsbuchstaben zu einem sinnvollen Satz gebildet hat, erhält für jedes Wort einen Punkt.

### Variante für jüngere Kinder

Jüngere Kinder suchen jeweils zwei Wörter mit dem gleichen Anfangsbuchstaben, z.B. „knurrender Kobold", „kauziger König" etc.

## ABC-Spiel

*Aus verschiedenen Bereichen werden nach dem ABC Begriffe gesucht. Die Themen variieren je nach Interesse oder Alter der Kinder. Die Begriffe werden aufgeschrieben oder nur genannt.*

**Material:** Stifte, Papier
**Anzahl:** mind. 2 Kinder

Suchen Sie z.B. nach dem ABC Begriffe aus der Welt der

- Räuber und Raubritter: *von Armbrust bis Zugbrücke*
- Tiere: *vom Alligator bis zum Zebra*
- Namen: *von Agnes bis Zacharias*
- Märchenfiguren: *vom Aschenputtel bis zum Zauberer*
- Berufe: *vom Arzt bis zum Zeitungsverkäufer*
- Städte: *von Aachen bis Zwickau*
- Spielzeug: *vom Auto bis zum Zwerg*
- Obst: *vom Apfel bis zur Zitrone*

Wer die meisten Wörter gefunden hat, gewinnt das Spiel und darf das nächste Thema wählen.

### Tipp

Um den Schwierigkeitsgrad zu erhöhen, geben Sie eine bestimmte Zeit vor, in der die jeweiligen Begriffe aufgeschrieben (oder benannt) werden müssen.

### Hinweis

An diesen Wortspielen haben Kinder besonders viel Spaß und Freude. Es entstehen oft fantasievolle Begriffe und erstaunliche Wortbildungen, die alle Beteiligten zum Lachen bringen.

## Geschichten erfinden

*Bei diesem Spiel werden drei oder mehr Reizwörter genannt, zu denen eine kleine Geschichte erfunden werden soll. Je nach Alter der Kindes erhöht sich die Anzahl der Reizwörter.*

**Material:** Bleistift, Papier, Uhr
**Anzahl:** mind. 2 Kinder

Ein Kind nennt drei Wörter, z.B. „Kuh", „Baum", „Wiese". Aus diesen Wörtern müssen die MitspielerInnen schnell eine Geschichte vortragen oder vorlesen. Wer den lustigsten Text erfunden hat, darf als nächstes Reizwörter nennen.

### Beispiel

*Die* **Kuh** *Karla schlendert wie jeden Morgen über ihre* **Wiese.** *Es ist eine wunderschöne Blumenwiese mit vielen bunten Blumen. Karla schnuppert jedes Mal ganz fest an ihnen, um sich an ihrem Duft zu erfreuen. Doch so viele gute Düfte machen sie immer ganz müde und Karla legt sich unter den großen alten* **Baum***, um in seinem Schatten einen Mittagsschlaf zu halten.*

## Für das ABC-Buch: Korkdruck

**Material:** Bleistift, Stempelfarbe, Korken

Schreiben Sie die Buchstaben „**K**" und „**k**" mit Bleistift im ABC-Buch vor. Die Kinder nehmen mit dem Korken die Farbe auf und drucken entlang der Bleistiftlinien.

## Weitere Anregungen

# L – Länder und Landschaften

*Viele Länder unterscheiden sich z.B. dadurch, dass ihre Bewohner jeweils eine andere Sprache sprechen oder auch eine unterschiedliche Hautfarbe haben. Es gibt Länder, in denen man sich immer vor Schnee und Kälte schützen muss. Manche Länder haben auch unterschiedliche Landschaften. In einigen Ländern gibt es hohe Berge und tiefe Täler, andere Länder sind wiederum sehr flach. Landschaften mit vielen Flüssen, Seen und Wäldern überwiegen in dem einen Land, weite, pflanzenarme Gebiete oder gar Wüsten in einem anderen. Jedem Land und jeder Landschaft ist jedoch gemein, dass sie ebenso wie der Mensch einmalig sind.*

## Eine Reise nach Lappland

*Ferne Länder zu bereisen ist schön und aufregend zugleich. Du kannst dich aber auch in deiner Fantasie dorthin begeben, um weit entfernte Länder zu erkunden. Verpackt in ein Spiel wird eine solche Reise ebenfalls zu einem lustigen Erlebnis.*

Die Teilnehmer setzen sich in einen Kreis. Die Spielleitung beginnt zu erzählen, dass sie eine Reise nach Lappland unternehmen wird. Da die Einreisevorschriften sehr streng sind, darf sie nur Dinge mitnehmen, die mit dem Buchstaben „**L**" beginnen. „Könnt ihr mir dabei helfen?", wendet sie sich an die Kinder *(z.B. Luftschlangen, Lochkäse, Legosteine, Löffel, lila Lutscher, Lebkuchen, Luftmatratze, Limonade, Lasso, ...).*

### Variante 1

Die Kinder sammeln Begriffe, die mit dem Buchstaben „**L**" beginnen und zählen dabei die zuvor genannten Begriffe mit auf. „Wir nehmen nach Lappland eine Limonade mit", schlägt das erste Kind vor. „Wir nehmen nach Lappland eine Limonade und einen lila Lutscher mit", erzählt das zweite Kind. „Wir nehmen nach Lappland eine Limonade, einen lila Lutscher und eine Lampe mit."
Auf spielerische Weise wird so die Merkfähigkeit der Kinder trainiert. Wenn alle mithelfen, wird bestimmt kein Gegenstand vergessen.

### Variante 2

In diesem Land kennen die Kinder lustige Schimpfwörter, die alle mit „**L**" beginnen. „Wer kann mir lustige Schimpfwörter nennen?" (z.B. lausiger Lackaffe, labernder Lockenwickler, lappiger Lehmbeutel, lascher Linsentopf, lila Labertasche ...)

## Buchstabenlandschaft

*Durch eine Collage kombiniert mit Filzstiftzeichnungen experimentieren Kinder mit Anordnungen sowie der Raumaufteilung und üben eine abwechslungsreiche, spannende Gliederung des Bildformates in Gruppen und verschiedenen Größen.*

**Material:** festes Zeichenpapier, Buntpapierreste, Bleistift, Schere, Klebstoff, Filzstifte
**Vorbereitung:** Eventuell für die Jüngeren den Buchstaben „**L**" in verschiedenen Größen auf Buntpapier vorzeichnen.

- Zeichnen Sie mit jeweils einem Kind zusammen den Buchstaben „**L**" in verschiedenen Größen auf das Buntpapier. (Denken Sie daran, auf der Rückseite des Papiers den Buchstaben seitenverkehrt aufzuzeichnen.)
- Das Kind schneidet die Buchstaben aus, ordnet sie auf dem Zeichenblatt an und klebt sie

anschließend fest. Es kann die Buchstaben auch ausreißen.

- Mit Filzstiften zeichnet das Kind die gleichen Buchstaben in verschiedenen Größen und Mengen dazu. Es soll die Buchstaben gruppenweise zu unterschiedlichsten Mustern ordnen und die Buchstaben im Bild spazieren gehen lassen.

### Tipp

Damit für die Kleineren der Aufwand nicht zu groß ist, bieten Sie ihnen am besten einige zuvor ausgeschnittene Buchstaben an.

### Hinweis

Schon die Kleinsten haben viel Freude an der Herstellung von Bildern dieser Art. Sie festigen ihren Wortschatz mit Begriffen wie groß, größer, klein, kleiner, daneben, davor, oben, unten, zu groß, zu breit usw. Die Fingerfertigkeit im Umgang mit der Schere und beim Aufkleben der Einzelstücke wird trainiert. Zudem vertieft sich ihr Wissen über den ausgewählten Buchstaben, denn durch die vielfältige Darstellung festigen sich entsprechende Bewegungsabläufe und das Schriftbild des Buchstabens.

# Im Schlaraffenland

*Man sagt, im Schlaraffenland fließen Milch und Honig. Dort sollen Süßigkeiten und allerlei leckere Sachen auf den Bäumen wachsen! So oder so ähnlich stellen wir uns jedenfalls das Schlaraffenland vor. Die Menschen in diesem Land leben zufrieden und glücklich. Hektik, Stress oder Streitereien sind ihnen völlig fremd. Alle haben viel Zeit zum Zeichnen, Malen, Basteln und Spielen. Eines ihrer Lieblingsspiele ist das Schlaraffenbaum-Spiel. Wollt ihr es auch einmal ausprobieren?*

## Schlaraffenbaum-Spiel

**Material:** dicker Karton (ca. 40 × 40 cm), Kartonreste, Pinsel, Bleistift, 1 Glas Wasser, Plakafarben, 1 kleines Glas, Schere

### Schlaraffenbaum

- Die Kinder zeichnen auf den Karton die Umrisse eines Laubbaumes.
- Sie malen den Baum mit Plakafarben an.
- Mit Hilfe des kleinen Glases zeichnen sie Kreise auf den restlichen Karton und schneiden sie aus.
- Die Kreise bemalen sie verschiedenfarbig und schreiben auf jeden einen Großbuchstaben.
- Anschließend stellen sie einen zweiten Satz Buchstabenplättchen her, wobei die Kartonplättchen den gleichen Farbanstrich haben.

### Spielregeln

Die ersten Buchstabenmotive auf dem Schlaraffenbaum sichtbar verteilen. Die dazugehörigen Buchstabenpaare verdeckt auf den Tisch legen. Ein Kind deckt nun einen Buchstaben auf, benennt diesen (z. B. „**L**“) und wünscht sich etwas zum Essen, Spielen oder Anziehen etc. mit diesem Anfangsbuchstaben (z. B. „Schlaraffenbaum, ich wünsche mir eine Limonade, Lakritze, ein Lasso ...“). Danach sucht sich das Kind den dazugehörigen Buchstaben vom Baum und nimmt ihn ab.

### Variante

Auf die Plättchen Groß- und Kleinbuchstaben schreiben. Der Schwierigkeitsgrad des Spiels wird erhöht, indem das Kind nun seinen Wunsch noch genauer beschreiben muss (z. B. „lila Limonade“ oder „langes Lasso“). Es dürfen dabei auch unsinnige und lustige Wortkombinationen gewählt werden (z. B. „lahme Laus“).

### Tipp

Besonders schwierige Buchstaben wie das „**X**“ können mit einem Joker versehen werden. Deckt das Kind diesen Buchstaben auf, darf es sich aus einem bestimmten Bereich (z. B. Essen) vom Schlaraffenbaum seinen Lieblingsgegenstand (z. B. eine Speise) wünschen.

### Hinweis

Das Schlaraffenbaumspiel unterstützt die Wahrnehmungs- und Beobachtungsgabe des Kindes und fördert gleichzeitig dessen Sprachentwicklung. Für das Spiel ist es nicht notwendig, alle Buchstaben auf einmal herzustellen. Es kann vielmehr, je nach Wissensstand des Kindes, nach und nach erweitert werden.

## Für das ABC-Buch: L wie Landschaft

**Material:** Buntstifte, Bleistift oder Computerausdruck (Function„Extrabold"), Schere, Klebstoff

- Schreiben Sie die Umrisse der Druckbuchstaben **„L"** und **„l"** in großen Formen in das ABC-Buch. Die Buchstabenumrisse können auch am Computer geschrieben und ausgedruckt werden.

- Das Kind malt mit Buntstiften Landschaften in diese Buchstaben. Wenn es mit seinem Bild zufrieden ist, schneidet es die Buchstaben aus und klebt sie in sein ABC-Buch.

## Weitere Anregungen

# M – Meister der Magie

*Wirklich zaubern kann leider oder vielleicht auch zum Glück kein Mensch. Das bleibt den Feen, Hexen und Zauberern in der Märchenwelt vorbehalten. Aber Zauberkunststücke vorführen, die das Publikum begeistern und auch verblüffen, das können geschickte Zauberkünstler oder Meister der Magie, wie sie auch genannt werden.*

## Mamuschel

*Der Magier Mamuschel ist ein solcher Zauberkünstler. Normalerweise ist er ein lustiger Zauberer und weiß natürlich, dass alle Kinder Reime lieben. Heute aber hat er schlechte Laune, weil er in der Schule für kleine Magier nicht die besten Noten bekommen hat. Nun ärgert er die Kinder und zaubert viele Reimwörter einfach weg.*

Weißt du, welche Wörter verschwunden sind?

*Die Vögel sitzen auf dem Dach,*
*durch das Tal, da fließt ein …* (Bach)

*Ina stellt bunte Blumen in die Vase,*
*eine Möhre knabbert der kleine …* (Hase)

*Lars isst die Suppe aus dem Topf,*
*dabei fällt sein Hut vom …* (Kopf)

*Anna trägt oft rote Hosen,*
*Miriam schneidet im Garten …* (Rosen)

*Max liegt gemütlich in der Sonne,*
*Petra badet in der …* (Tonne)

*Der Zahnarzt fackelt bei Leo nicht lange,*
*befreit ihn vom Zahnweh mit der …* (Zange)

*Die Kirschen schmecken mir sehr gut,*
*ich sammle sie in meinem …* (Hut)

*Die Hexe ist ein Fabelwesen*
*und fliegt herum auf ihrem …* (Besen)

*Die Bäume wiegen sich im Wind,*
*den Drachen steigen lässt das …* (Kind)

*Susanne trägt im Haar ein Band,*
*die Tasche hält sie in der …* (Hand)

## Mamuschels Reimwörter-Parade

*Der Zauberer Mamuschel hat mit den anderen Zauberschülern gewettet, dass er die meisten Reimwörterpaare aufschreiben kann. Doch nun sitzt er in seinem Zimmer und nur ganz wenige Reimwörter fallen ihm ein. Kannst du ihm dabei helfen?*

**Material:** Blankospielkarten (im Fachhandel erhältlich oder aus weißem, dünnem Karton selbst zuschneiden, ca. 10 × 5 cm), Farbstifte oder Filzstifte; evtl. Zeitungen und Zeitschriften

Regen Sie die Kinder dazu an, selbst Reimwörter zu finden und die Abbildungen dazu auf die Blankospielkarten zu malen. (Man kann auch Abbildungen aus Zeitungen und Illustrierten ausschneiden und aufkleben.)

### Beispiele

Wurm – Turm, Tuch – Buch, Tisch – Fisch, Schrank – Bank, Wiege – Ziege, Kutsche – Rutsche, Brücke – Mücke, Ziege – Fliege, Nuss – Fluss

### Spielverlauf

Mit diesen Karten nach den Memory-Regeln spielen: Die Karten verdeckt auf den Tisch legen. Zwei Karten dürfen von den Kindern abwechselnd umgedreht werden, dabei die jeweiligen Gegenstände deutlich benennen. Reimen sich die Wörter, darf der Spieler weiter spielen und das Kartenpaar behalten. Passen die Wörter nicht zusammen, werden die Karten wieder umgedreht und der nächste ist an der Reihe.

### Hinweis

Reime wecken spielerisch die Lust am Sprechen. Kinder haben viel Vergnügen an Wiederholungen, sie erforschen den Rhythmus, den Klang und die Struktur der Sprache, Begriffe prägen sich schneller ein, Zusammenhänge werden erkannt. Wenn Kinder mit dem Reimen beginnen, spielen sie immer wieder mit unterschiedlichen Lauten und Lautkombinationen, schulen ihr Gehör und finden einen kreativen, spielerischen Zugang zur Sprache. Sie behalten ihre Freude an wiederkehrenden Reimen und Rhythmen lange bis in die Schulzeit hinein. Deswegen sollten Gedichte, Sprechverse und Reime lange Zeit einen festen Platz im Alltag der Kinder haben.

## Mamuschels seltsame Zaubersprüche

Mamuschel probiert neue Zaubersprüche aus. Wer findet heraus, welches Tier er gerade herzaubert?

- *Zabra, Zebra, Zibra, Zobra, Zubra*
- *Löwa, Löwe, Löwi, Löwo, Löwu*
- *Esal, Esel, Esil, Esol, Esul*
- *Gackel, Geckel, Gickel, Gockel, Guckel*
- *Schlange, Schlenge, Schlinge, Schlonge, Schlunge*
- *Hand, Hend, Hind, Hond, Hund*
- *Raba, Rabe, Rabi, Rabo, Rabu*
- *Hasa, Hase, Hasi, Haso, Hasu*
- *Baene, Beene, Biene, Boene, Buene*
- *Affa, Affe, Affi, Affo, Affu*

## Mamuschels Zauberhut

Mamuschel hat wieder einmal nicht aufgepasst! Er sollte in der Schule für kleine Magier viele „**M**“ und „**m**“ zaubern, doch er hat sich im Unterricht lieber mit den anderen Zauberschülern unterhalten. Er redete, tuschelte und kicherte die ganze Zeit und als er nun an der Reihe war, diese Buchstaben herzuzaubern, hat Mamuschel viele durcheinander gebracht.
Findest du alle „**M**“ und „**m**“?

## Wir zaubern mit Buchstaben

*Die Frottage ist auch unter den Begriffen Durchreibetechnik oder Rubbelbilder bekannt. So stellen Kinder z.B. Spielgeld her, indem sie eine Münze unter ein Blatt Papier legen und mit einem Stift darüber streichen. Wie durch Zauberei entsteht ein Bild. Mit dieser Technik lassen sich reizvolle Bilder gestalten, denn alle strukturierten Oberflächen bieten sich zum Abreiben an: Strukturtapeten, Wellpappe, Hölzer und andere interessante Oberflächen.*

**Material:** Buchstaben aus Karton oder Holz, Bleistifte, Buntstifte oder Wachsmalblöcke, Zeichenpapier (nicht zu dick)
**Vorbereitung:** Für die Frottage benötigen Sie Buchstaben aus festem Karton, die Sie aus verschiedenen Resten ausschneiden können. Wem diese Vorarbeit zu aufwendig ist, kann in Schreibwarengeschäften oder im Fachhandel vorgestanzte Buchstaben kaufen.

- Die Buchstabenschablone unter das Zeichenblatt legen und mit einem Stift oder Wachsmalblock über das Papier reiben. Die Form entsteht nun langsam auf dem Zeichenblatt, die Konturen werden nach und nach sichtbar.
- Durch Verschieben oder Austauschen der Schablone können die Kinder ganze Wörter gestalten. Eine schöne Wirkung kann erzielt werden, wenn mit verschiedenen Farben darüber gestrichen wird.

### Variante
Benutzen Sie Formen wie Kreise, Rechtecke, Ovale oder verschiedene Gegenstände, um den Gestaltungsspielraum zu erweitern. Mit dieser Technik lassen sich auch schöne Einladungs-, Tischkarten oder Lesezeichen herstellen.

### Tipp für jüngere Kinder
Jüngere Kinder sollten dicke Wachsmalkreiden (oder -blöcke) zum Durchreiben benutzen, da die Technik mit Stiften sie schnell ermüden kann.
Geben Sie kleineren Kindern mit Markierungspunkten eine Orientierungshilfe, um die Buchstaben nicht spiegelverkehrt durchzureiben.

## Für das ABC-Buch: Magische Muster

*Unser Meister der Magie besitzt ein uraltes, handgeschriebenes Zauberbuch. Darin sind alle Buchstaben mit wunderschönen, magischen Mustern verziert. Solche Buchstaben können die Kinder selbst ausgestalten.*

Schreiben Sie das „**M**" und „**m**" oder die Initialen der Kinder in das Buch und lassen Sie diese mit Figuren, Szenen und Muster ausschmücken.

## Magische Wandtafel

*Was ist schon ein Fest für Zauberer ohne dazu passende Zaubersprüche? Das denkt sich auch der Zauberlehrling Mamuschel und hängt, auf Tafeln geschrieben, einige seiner liebsten Zaubersprüche zur Dekoration an die Wand. So kann er seinen Gästen allerlei Informationen und gute Wünsche zukommen lassen.*

**Material:** fester Karton (z.B. Verpackungs- oder Zeichenkarton), buntes Tonpapier, bunte Malstifte (Filzstifte oder Wachsmalkreiden), Bleistift, Schere, Klebestift

- Schneiden Sie aus Karton die Wandtafeln in bestimmte Formen (Kreis, Quadrat, Dreieck ...).

- Bekleben Sie den Karton mit Tonpapier und malen Sie mit einem andersfarbigen Stift einen 2 bis 3 cm starken Rand um die Wandtafel.
- Zeichnen Sie zusammen mit den Kindern verschiedene Motive (Sterne, Zauberhüte, Zylinder, Zauberdrachen ...) mit Bleistift auf Tonpapier. Die Kinder schneiden diese aus.
- Schreiben Sie mit dickem Filzstift einen Zauberspruch auf die Wandtafel und kleben Sie die zuvor ausgeschnittenen Motive um diesen Spruch herum.

### Hinweis

Wandtafeln können Sie vielseitig einsetzen. Neben dem dekorativen Effekt erfüllen diese Tafeln auch allerlei Aufgaben, z.B. Vorschau auf Programmpunkte des Kinderfestes, Wegweiser, gute Wünsche etc.

Anregungen für Zaubersprüche

Magiermeister und
Geisterbahn,
die Vorstellung
fängt um vier Uhr an.

Gelbe Spatzen
und rosa Finken
hier kannst du
bunte Säfte
trinken.

Krötenaugen
und Katzentatzen
du darfst beim Essen
auch mal schmatzen.

# Weitere Anregungen

# N – Nacht

*Die meisten Menschen und Tiere schlafen nachts, um sich für den nächsten Tag auszuruhen. Es gibt aber auch Tiere, die in der Nacht sehr aktiv sind, wie Eulen, Katzen, Füchse, Igel und Marder. Sie nutzen Stille und Dunkelheit, um ungestört nach Futter zu suchen. Auch viele Menschen arbeiten nachts, etwa in Krankenhäusern, wo die Patienten rund um die Uhr versorgt werden müssen, oder in Bäckereien, wo sie in ihren Backstuben arbeiten, damit die Leute am nächsten Morgen frisch duftende Brote und leckere Kuchen kaufen können. Auch zur Herstellung und Auslieferung von Zeitungen sind Menschen nachts aktiv. So können wir am nächsten Morgen die neuesten Nachrichten lesen.*

## Kontraste

Tagsüber sind der Mond und die Sterne vom hellen Himmel fast nicht zu unterscheiden. Erst die dunkle Nacht erhöht diese Leuchtkraft. Ebenso wird die Leuchtkraft vieler Farben durch das Anlegen eines dunklen Hintergrundes erhöht. Für die Einteilung von Farben gibt es verschiedene Ordnungssysteme. Am bekanntesten ist der Farbkreis. Der hier gezeigte Farbkreis ist sechsteilig und zeigt die Grundfarben Rot – Gelb – Blau, auch Primärfarben oder Farben 1. Ordnung genannt. Durch Mischen der Primärfarben entstehen die Sekundärfarben oder Farben 2. Ordnung. Wird Gelb mit Blau gemischt, entsteht Grün. Blau und Rot ergibt Violett, Orange entsteht durch Mischen von Gelb und Rot. Aus den Grundfarben können alle übrigen Farben gemischt werden, auch die weiteren Mischfarben 3. und 4. Ordnung. Farben, die sich im Farbkreis gegenüberliegen, haben die größte Kontrastwirkung. Das bedeutet, ihre Leuchtkraft erhöht sich, wenn sie nebeneinander aufgetragen werden. Die Kontrastfarbe zu Blau ist Orange, zu Gelb ist Lila und zu Rot ist Grün. Vor einem dunklen Hintergrund verstärkt sich diese Wirkung weiter.

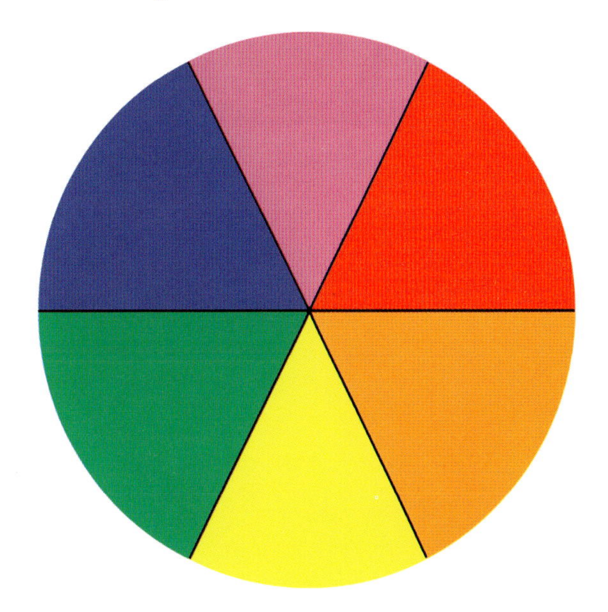

## Türschild

*Schon Kinder sind bei entsprechender Anleitung in der Lage, Farbgesetze zu erkennen und in ihren Arbeiten umzusetzen.*

**Material:** Bleistift, weißes Zeichenblatt, Deckfarben, Pinsel, Wasserglas, Malerlappen; evtl. Wachsmal- oder Ölkreiden

- Erläutern Sie die Gesetze des Farbkreises anhand der Abbildung.
- Schreiben Sie für jedes Kind die Buchstaben seines Namens mit Bleistift großzügig auf Papier und lassen Sie es mit den Fingern nachfahren. So bekommt das Kind ein Gefühl für die Form und Größe der Buchstaben.
- Das Kind darf aus den vorher besprochenen Kontrasten (s. Farbkreis) seine Farben aussuchen und mischen.

- Mit dem Pinsel werden die Umrisse der Buchstaben gezeichnet und anschließend mit kräftigen Farben ausgemalt. Jede Farbschicht sollte etwas trocknen, damit durch einen neuen Auftrag keine Farben vermischt werden.
- Wird der Hintergrund schwarz bemalt, wirkt der Hell-Dunkel-Kontrast besonders ausdrucksstark.

### Tipp

Die Buchstaben können ebenso mit Wachsmalkreiden oder Ölkreiden aufgemalt werden.

## Für das ABC-Buch: Collage

*Das Nachrichtenmonster Nimmersatt frisst am liebsten aus alten Tageszeitungen die Buchstaben „**N**“ und „**n**“, da ihm die Druckerschwärze dieser Buchstaben am besten schmeckt. Nimmersatt wartet schon den ganzen Tag darauf, bis alle die Zeitungen gelesen haben, um sich dann endlich nachts bedienen zu dürfen.*

**Material:** alte Zeitungen und Prospekte, Filzstifte oder Wachsmalkreiden, Schere, Klebstoff

- Mit Filzstiften oder Wachsmalkreiden das gefräßige Nachrichten-Monster Nimmersatt in das Buch malen.
- Um die Buchstaben besser fressen zu können, braucht Nimmersatt ein großes Maul mit vielen spitzen Zähnen! Außerdem ist Nimmersatt besonders gierig, deswegen muss der Bauch entsprechend dick sein!
- Suchen Sie zusammen mit dem Kind aus alten Zeitungen viele gedruckte „**N**“ und „**n**“ und füttern Sie damit das Monster, indem Sie diese Buchstaben in seinen großen Bauch kleben.

# Überleg mal!

*Wenn es draußen dunkel wird, die Kinder in ihren Betten liegen und zur Ruhe kommen, hören alle gern eine Gutenachtgeschichte oder lösen Rätsel zum Abschluss des Tages.*

*Warum regnet es nie zwei Tage hintereinander?*
(Weil immer eine Nacht dazwischen liegt.)

*Du schlüpfst von unten immer hinein,*
*schaust oben wieder heraus.*
*Einen Menschen nur hüllt es gerne ein,*
*das Bett ist sein Zuhaus'?* (Nachthemd)

*Wenn das Kind im Bette liegt,*
*der Vater es in den Schlaf wiegt,*
*schauen viele mit hellem Schein,*
*vom Himmel in das Zimmer rein.*
*Wir können sie nicht zählen,*
*denn sie leuchten in der Ferne,*
*Was mag das sein?*
*Es sind die …* (Sterne)

*Nachts, wenn es dunkel wird,*
*sehn wir ihn am Himmel steh'n,*
*rund und groß, hell und schön.*
*Mit den Sternen er dort wohnt,*
*sag es nur, es ist der …* (Mond)

*Beine hat es, doch läuft es nicht.*
*Federn hat es, doch fliegt es nicht.*
*Am gleichen Ort steht es mäuschenstill,*
*weil es nichts als Ruhe will?* (Bett)

## Tipp

Legen Sie eine Rätselkiste an, dann können Sie auf die gesammelten Rätsel immer wieder zurückgreifen. Bemalen oder bekleben Sie zusammen mit dem Kind eine kleine Schachtel und schreiben Sie die Rätsel auf Karteikarten.

# Nachtfahrt am Sternenhimmel

*Dieses Malspiel fördert gezielte Bewegungsabläufe und rhythmisches Schwingen als Schreibvorübung. Anfangs sollte dabei großflächig mit Wachsmalkreiden z. B. auf Packpapier gezeichnet werden. Wachsmalstifte sind leicht zu handhaben und ein wunderbares Werkzeug zum Malen und Zeichnen. Selbst ein kleines Kind übt Bewegungen zu kontrollieren, wenn es mit Wachsmalstiften auf Papier kritzelt und malt. Günstig für kleine Kinderhände sind dicke Stifte oder Wachsmalblöcke von guter Qualität, da sie auch fest genug sind und bei zu viel Druck nicht sofort abbrechen. Kinder sollten oft Gelegenheit bekommen, mit diesen Stiften zu experimentieren.*
*Wer eine Wand- oder Stehtafel besitzt, kann das Kind mit Tafelkreide darauf malen lassen. Später wird dann mit kleineren Formaten und Filzstiften oder Pinsel und Wasserfarben gemalt.*

**Material:** Wachsmalstifte, Farbstifte, Wasserfarben, Pinsel, Packpapier, Tapetenreste oder Zeichenblock; evtl. Kreide

- Zeichnen Sie zusammen mit dem Kind einen Sternenhimmel mit einer Erdkugel als Start (links) und einem fremden Planet als Ziel (rechts) auf. Je enger die Sterne, Kometen und Meteoriten beieinander liegen, umso schwieriger wird gleich die Fahrt.
- Erzählen Sie oder lesen Sie vor: Mit einem Raumschiff (in diesem Fall der Wachsmalstift) fährst du durch den Sternenhimmel, um andere Planeten zu besuchen. Natürlich musst du auf den richtigen Weg achten, die Sterne helfen dir dabei. Doch Vorsicht, Kometen und Meteoriten kreuzen deinen Weg, daran musst du vorbeifahren. Zusammenstöße sollten vermieden werden, damit du den fernen Planeten unversehrt erreichst. Mit Wachsmalkreiden suchst du dir nun einen Weg von der Erde zum Planeten. Schaffst du die Fahrt ohne abzusetzen und anzustoßen?

### Variante

Andere Spielideen sind Slalomfahrer, Autorennen, Bachlauf, mit dem Roller durch die Straßen und vieles mehr.

### Hinweis

Wichtig bei allen Zeichenspielen ist es, die Schreibrichtung von links nach rechts zu beachten. So sollte der Start links beginnen und das Ziel rechts liegen. Dazwischen können verschiedene Schwünge sein (s. auch Schwungübungen ➜ S. 99 unter S – Spaß in der Schule).

## Lerngymnastik für Kinder – Achterschleifen

*Folgende Übung kommt aus der „Edu-Kinästhetik“ (lat.: educere = herausholen und griech.: kinesis = Bewegung des menschlichen Körpers) und trainiert das Zusammenspiel bzw. die Koordination beider Gehirnhälften. Neben der Auge-Hand-Koordination lernt das Kind, gezielte Bewegungsabläufe zu steuern. Es entwickelt ein Raumbewusstsein (oben – unten – rechts – links), eine wichtige Voraussetzung, um später schreiben und lesen zu lernen.*

**Material:** große Blätter, Papier (z.B. Packpapier), Wachsmalkreiden

Das Kind malt die Acht in großen Bewegungen mit dem Finger in die Luft. Diese Bewegungen zuerst abwechselnd mit der ausgestreckten rechten Hand, dann mit der linken Hand ausführen. Das Kind beginnt immer in der Mitte, von dort aus geht es mit der rechten Hand entgegen dem Uhrzeigersinn nach links oben, mit

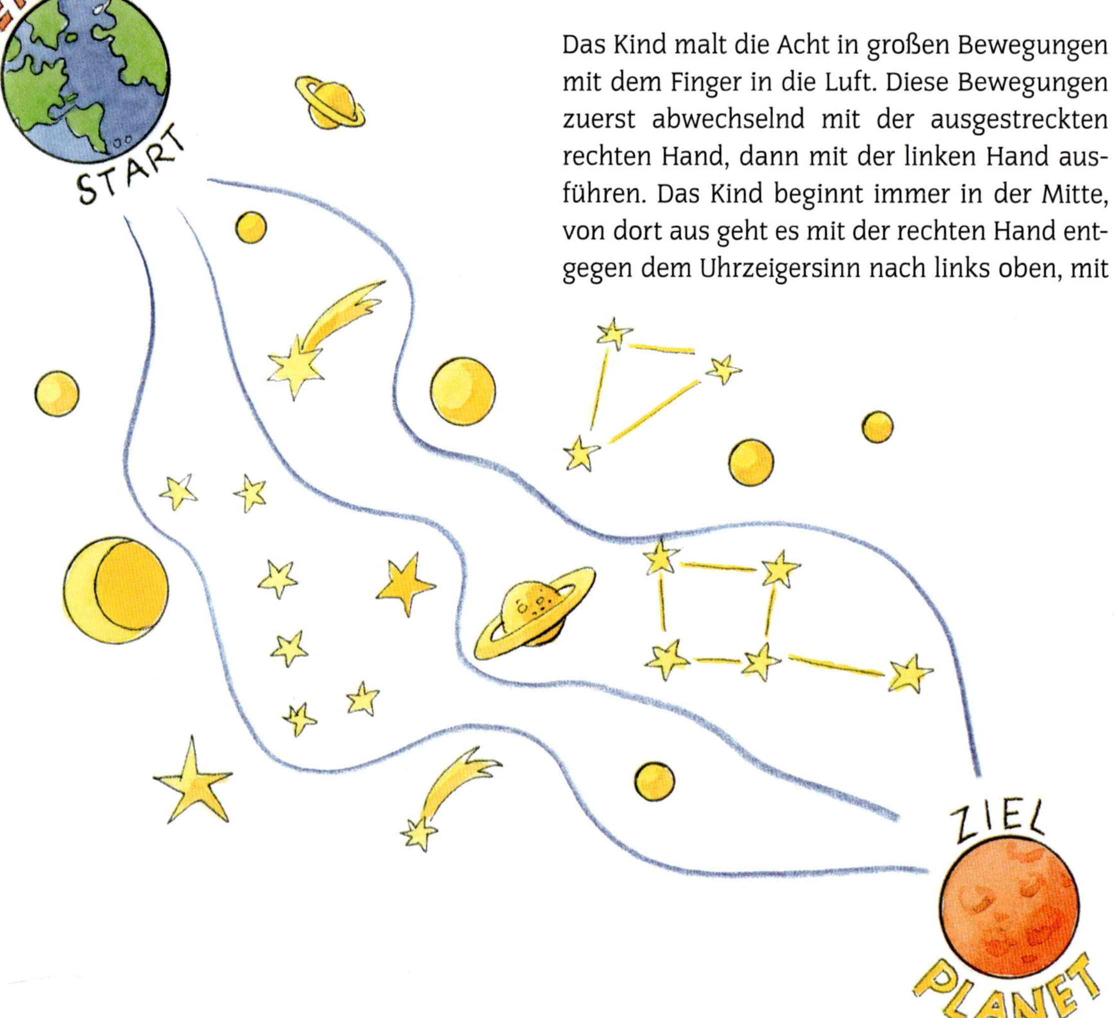

der linken Hand im Uhrzeigersinn nach rechts oben. Später malt das Kind die Acht gleichzeitig mit beiden Händen, dabei überkreuzen sich die Hände in der Mitte. Danach kann die Acht auf einem großen Blatt Papier aufgemalt und von den Kindern mit bunten Wachsmalkreiden nachgespurt werden. Auch hier sollten die Kinder zuerst abwechselnd mit jeder Hand einzeln die Linien nachfühlen, bevor sie versuchen, beidhändig zu zeichnen.

## Zungenbrecher

*Nashörner niesen nur nachts nicht nass.*
*Norbert nascht nachts neue Nussnougatnikoläuse.*
*Nachrichten-Monster Nimmersatt nagt nur nachts nette Nachbarn.*

# Weitere Anregungen

*Wenn Ihnen und den Kindern keine Wörter mehr einfallen, suchen Sie doch einfach gemeinsam im Lexikon. Regen Sie die Kinder an, Bilder dazu in ihr ABC-Buch zu malen.*

# O – Ostern

*Für das Christentum ist Ostern der höchste Feiertag, an dem an die Auferstehung von Jesus Christus gedacht wird. Aber auch nicht-christliche Völker feiern ein Osterfest, mit dem sie nach einem langen und kalten Winter den Frühling begrüßen. Das Osterfest findet jedes Jahr am ersten Sonntag nach dem ersten Frühlingsvollmond statt. Für die Kinder ist Ostern auch immer wieder ein spannendes Erlebnis. Fesselnde Geschichten über den Osterhasen und vor allem die Suche nach den im Haus oder Garten versteckten Ostereiern und Süßigkeiten machen ihnen viel Spaß.*

## O-Figuren

*Buchstaben in Figuren umzuformen lieben Kinder genauso, wie sich selbst zu verkleiden und in andere Rollen zu schlüpfen. Diese Aufgabenstellung können Sie mit allen Buchstaben durchführen. Kinder entwickeln dabei oft lustige und erstaunliche Ideen. Überall in den Gegenständen ihrer Umwelt können versteckte Buchstabenformen entdeckt werden.*

Unser Osterhase hat statt bunt bemalter Ostereier Buchstaben versteckt! Findest du das „**O**“ und das „**o**“?

## Osterfrühstück

*An Feiertagen oder zu besonderen Anlässen genießen wir in der Familie oder Gruppe gerne ein gemeinsames Frühstück, bei dem alle einmal mehr Zeit füreinander haben, um anschließend noch zu spielen oder einfach zu reden. Zu einem besonderen Anlass gehört natürlich auch ein festlich dekorierter Tisch.*

### Tischset

**Material:** farbiges Tonpapier (DIN A5), Bunt- oder Filzstifte, Buchstabenstempel, selbstklebende, durchsichtige Folie oder Laminiergerät

- Das Papier außen rundum an den Kanten mit Buchstabenstempeln bedrucken, die danach mit Filz- oder Buntstiften weiter ausgemalt werden. Dazu kommen Tiere, Menschen, Fantasiefiguren, Personen aus einem Märchen und Ähnliches.
- Laminieren Sie das Papier oder überziehen Sie es mit Klarsichtfolie – fertig ist das Tischset. Die Mitte bleibt frei (eventuell Namen hineinschreiben), für den Teller.

### Tipp

Beim Frühstück darf jeder reihum den anderen eine Geschichte zu seinen Bildern erzählen. Natürlich können abwechselnd die Zeichnungen von anderen Sets in die Geschichte mit eingebaut werden.

### Variante 1

Eine Geschichte der Reihe nach aufmalen und erzählen.

### Variante 2

Das ABC rundum drucken, Anlautspiele dazu gestalten, z.B. „Ich sehe was, was du nicht siehst und das beginnt mit **‚O'**." (z.B. Osterei, Osterhase)

### Hinweis

Schon das gemeinsame Zusammensitzen ohne Zeitdruck und die aktive Beteiligung an Tischgesprächen sind für Kinder die reinsten Sprachübungslager. Wenn dann noch Zeit für Spiele bleibt, macht so ein Frühstück besonders viel Freude.

## Zeitungsente Olli

*Statt beim Frühstück in der Zeitung zu lesen, erzählt die Spielleitung von einem ungewöhnlichen Tier. Es ist Olli, die Zeitungsente. Zeitungsenten schleichen sich normalerweise mit falschen Nachrichten in Zeitungsmeldungen ein. Olli dagegen hat sich nur auf den Buchstaben* **„O“** *spezialisiert, den sie bei jeder Gelegenheit in Wörter einbaut.*

Ein Kind denkt sich einen Satz aus, in dem Tiere vorkommen. Leider hat die Zeitung dabei Fehler gemacht und Buchstaben falsch gedruckt, z.B. „Im Zoo habe ich Offen und Olofanten gesehen.“
Oder: „Unser Nachbar hat einen Osel gekauft!“
Wer den Fehler zuerst bemerkt, darf als nächster einen Satz bilden.

## Lesezeichen drucken mit Buchstabenstempel

*Im Zusammenhang mit dem Erlernen von Buchstaben ist das Drucken mit Buchstabenstempeln sehr zu empfehlen. Es bereitet den Kindern viel Freude und hilft ihnen, die Buchstabenform zu erfassen. Drucken eignet sich zudem als Vorübung zum ersten Nachmalen und Schreiben der Buchstaben, da neben der Feinmotorik auch die Auge-Hand-Koordination geschult wird – eine wichtige Fähigkeit, die später in der Schule beherrscht werden muss.*

**Material:** Buchstabenstempel (am besten erst die Großbuchstaben), Stempelkissen, Papier, Filzstifte

Neben dem freien Ausprobieren und Experimentieren mit Buchstabenstempeln können Sie als gezieltes Angebot mit den Kindern ein Lesezeichen gestalten.
Suchen Sie mit jedem Kind die zu seinem Namen passenden Buchstabenstempel aus. Die Kinder drucken ihren Namen auf Papier und dürfen, sobald die Druckfarbe etwas getrocknet ist, diese Buchstaben „verkleiden“, indem sie mit Filzstiften die Buchstaben weiter ausgestalten und bemalen. Mit Folie überzogen oder laminiert sind diese Lesezeichen ein schönes Geschenk auch zum Osterfest!

**Tipp**

Der eigene Name gedruckt hat immer eine besondere Qualität für die Kinder, da sie sich stark mit ihrem Namen identifizieren und dieser gedruckt natürlich schon sehr professionell aussieht. Kinder beginnen meist nach ersten Zeichen, z.B. Kreisen und Kreuzen, die Buchstabenformen ihres Namens nachzumalen und zu schreiben. Unterstützen Sie sie dabei, indem Sie ihnen die passenden Großbuchstaben zeigen, und achten Sie auf die Schreibrichtung, damit sich keine falschen Bewegungsabläufe festigen, die später in der Schule wieder korrigiert werden müssen.

## Für das ABC-Buch: Oskar die Osterraupe

*Oskar die Osterraupe liebt Ostereier und ist ständig auf der Suche, ob Kinder im Garten bunte Eier vergessen haben.*

**Material:** Buchstabenstempel „**O**“, Filzstifte

- Mit dem Stempel den Buchstaben „**O**“ in einer Reihe nebeneinander drucken, der Kopf kann gezeichnet oder mit einem größeren Buchstabenstempel gedruckt werden.
- Danach gestalten die Kinder Einzelheiten wie Fühler, Beine und Gesicht mit Filzstiften aus.

# Weitere Anregungen

# P – Post

*Unzählige Postkarten, Briefe, Päckchen und Pakete sind alljährlich unterwegs, die mithilfe der Post seit 500 Jahren von einer Stadt zur anderen und auch von Land zu Land geschickt werden. Manche Poststücke müssen viele tausend Kilometer weit transportiert werden, bis sie zu ihrem Empfänger gelangen. Die Post wird dabei vor eine große und auch schwierige Aufgabe gestellt, von der wir gewöhnlich nichts sehen. In der Post müssen zunächst einmal alle Poststücke sortiert werden. Es gibt Postämter, in denen dies noch von Hand geschieht, und andere, in denen Maschinen diese Arbeit übernehmen.*

## Denk nach!

Lesen Sie folgende Geschichte vor:
*Das Gebäude, das du erraten sollst, gibt es in jeder größeren Stadt. Viele Menschen gehen dort ein und aus und bringen verpackte Dinge von Zuhause mit, die sie anderen Menschen geben wollen. Oft wohnen die Menschen aber so weit voneinander entfernt, dass sie diese Dinge nicht selbst an den betreffenden Ort bringen können. Man trägt die Dinge deshalb in dieses Gebäude und gibt sie an einen Schalter, hinter dem ein Mann oder eine Frau sitzt. An diesem Schalter kannst du kleine Aufkleber kaufen, die du auf die Verpackung klebst. Je weiter weg deine verpackten Dinge geschickt werden müssen und je schwerer diese Dinge sind, umso mehr Geld musst du bezahlen. Danach wird dein Brief oder dein Paket in einem gelben Auto zum Empfänger transportiert.*

Wer errät zuerst, um welches Gebäude es sich handelt?
Nehmen Sie das Rätsel als Gesprächsanlass: Wer kennt bereits eine Post? Wer hat dort schon einmal ein Paket oder einen Brief aufgegeben? Welchen Weg nehmen die Poststücke?

### Tipp

Sie können zusammen mit den Kindern Bücher zum Thema anschauen oder selbst einmal eine Post besuchen und einen Brief aufgeben.

## Wo versteckt sich das „P“?

*Lesen Sie die Geschichte vor und betonen Sie dabei den Buchstaben „**P**“ besonders deutlich. Sobald die Kinder den Buchstaben hören, stampfen sie mit den Füßen auf den Boden oder klatschen in die Hände (vorher abmachen).*

*Pippi geht zur Post. Sie schickt ihrem Papa eine Postkarte. Ihr Papa ist Pirat und lebt auf einer kleinen Insel mit Palmen. Dort gibt es Papageien, Paviane und auch ein Pony. Pippi hat ihren Papa auf der Insel auch schon besucht. Dort bekam sie jeden Tag ihre Lieblingsspeise zu essen, denn von Pudding mit Pampelmusen kann Pippi gar nicht genug bekommen. Nachmittags trifft sich Pippi mit ihren Freunden. Pippi spielt nicht besonders gerne mit Puppen. Lieber schlägt sie Purzelbäume in ihrem Garten, reitet auf ihrem Pony oder spielt zusammen mit ihren Freunden Piratenschatzsuche.*

## Briefpapier gestalten

*Kontakt zu Freunden zu halten, die weit weg wohnen, kann auf verschiedenem Wege geschehen. Eine immer noch beliebte Möglichkeit nicht nur bei Erwachsenen ist das Schreiben von Briefen. Für besonders gute Freunde gestalten die Kinder ein sehr persönliches Briefpapier. Wenn Papierbögen mit den eigenen Initialen oder mit Mustern verziert werden, freut sich der Empfänger dieser Post umso mehr.*

**Material:** ausgestanzte Moosgummibuchstaben und -formen oder Moosgummiplatten, Bleistift, Schere, feste Pappe, Holzklötzchen oder Deckel, Klebstoff, Stempelkissen, Briefpapier, Filzstifte

- Zeichnen Sie mit einem Bleistift die Konturen der gewünschten Buchstaben auf die Moosgummiplatte. Einfache Tier- und Pflanzenformen eignen sich ebenso als Motiv.
- Die Kinder schneiden nun den Buchstaben aus und kleben ihn auf ein Holzklötzchen oder auf feste Pappe. Dabei müssen sie darauf achten, die Buchstaben seitenverkehrt aufzukleben, damit nach dem Abdruck die Schreibrichtung stimmt.

1. Die Kinder drücken den fertigen Stempel nach dem Antrocknen in das Stempelkissen und machen auf einem Probeblatt einen Abdruck.
2. Ist der Abdruck gelungen, können Briefbögen, Umschläge und Karten dekoriert werden. Nachdem die Stempelfarbe getrocknet ist, gestalten die Kinder die Buchstaben und Motive mit Filzstiften weiter aus.

## Hauspost

**Material:** ausgedienter Schuhkarton, Schere, Bunt- oder Filzstifte

Basteln Sie kleine Briefkästen aus Schuhkartons mit den Kindern und versehen Sie sie mit einem Schlitz – so bekommt jeder seinen eigenen Briefkasten im Haus. Wer möchte, kann neben seinem Namen den eigenen Briefkasten auch noch mit bunten Zeichnungen verschönern.

Alle dürfen mitmachen, auch diejenigen, die noch nicht schreiben können: Briefe können geklebt, gemalt und gezeichnet werden. Schicken Sie den Kindern kurze Nachrichten, Briefe und Zeichnungen – jeden Tag eine kleine Überraschung, z.B.

- eine Seite aus dem Malbuch
- ein Rätsel
- eine nette Kurzgeschichte
- eine Postkarte zum Verschicken
- Nachrichten in Geheimschrift
- Gutscheine
- Wunschzettel

Die Post kann täglich zu einer bestimmten Zeit gemeinsam geleert und mit Ihrer Hilfe gelesen werden.

### Hinweis

Drucktechniken bieten viele Möglichkeiten zur Schulung der Bewegung und Koordination. Das Halten des Stiftes, der Schere, das Kleben und der Druckvorgang fördern die Feinmotorik des Kindes. Zudem unterstützen Druckverfahren das genaue Erfassen der jeweiligen Buchstabenform.

## Briefmarken herstellen

*Natürlich brauchen Kinder für ihre Post ausreichend Briefmarken! Auf einfache Weise können Sie zusammen mit den Kindern diese selbst herstellen.*

**Material:** Zeichenpapier, schwarzer Filzstift, Lineal, Buntstifte, Stempelkissen, Schere, Klebstoff; evtl. Zackenschere

- Zeichnen Sie mit schwarzem Filzstift verschiedene Formate (Rechtecke, Quadrate) für die Briefmarken auf.
- Mit dem Finger drücken die Kinder auf das Stempelkissen und machen Abdrücke in die vorgezeichneten Briefmarken. Die Farbe trocknen lassen, dann die Fingerabdrücke mit Filzstift weiter ausmalen.
- Mit Buntstiften oder Filzstiften verschiedene Motive in die restlichen Briefmarken zeichnen.
- In eine Ecke tragen Sie zusammen mit den Kindern Zahlen ein, die den Wert der Briefmarke angeben.
- Die Kinder zeichnen noch rundherum Zacken und schneiden mit etwas Abstand zu den Zacken die Briefmarken aus.
- Wer eine Zackenschere hat, kann diese natürlich benutzen.
- Mit Klebstoff die Briefmarken auf Umschläge kleben.

## Für das ABC-Buch: Post für dich!

**Material:** Paketpapier, dünnes Paketband, Schere, Kleber, Buchstabenstempel, Stempelkissen

Schneiden Sie mit dem Kind aus Paketpapier eine rechteckige Form aus. Umwickeln Sie diese

Form mit einer Paketschnur, so dass sie aussieht wie ein Päckchen, und kleben Sie sie in das ABC-Buch. Dieses „Päckchen" darf das Kind nun bedrucken oder beschriften, wenn keine Stempel zur Hand sind.

## Zungenbrecher

*Postbote Peter purzelt polternd über Panther Paul.*
*Postbote Pius bringt plötzlich Petra Briefe.*
*Die Post bringt Pakete nach Potsdam und Pirmasens.*
*Die Papppuppe liegt in der Postmappe.*

# Weitere Anregungen

# Q – Quiz und Quatsch

*Wenn es heißt: „Heute machen wir ein Quiz", sind die Kinder meistens leicht dafür zu begeistern. Rätselspiele, die in Reimen vorgetragen oder einfach in Form von Frage-und-Antwort-Spielen vorgenommen werden, sind auch mit großen Gruppen gut durchführbar. Ein Erwachsener kann dabei den Quizmaster spielen, der die Fragen stellt und über richtig und falsch gegebene Antworten entscheidet. Im Rahmen solcher Rätselspiele können auch Aufgaben gestellt werden, bei denen Unsinngeschichten oder Quatschtexte von den TeilnehmerInnen vorgetragen werden. Dabei kommen oft lustige und originelle Ergebnisse zustande, die alle Beteiligten zum Lachen bringen.*

## Schimpfwörter-ABC

Erfinden Sie zusammen mit den Kindern liebevolle und lustige Schimpfwörter nach dem ABC. Die Schimpfwörter sollen niemanden verletzen, sondern aus Spaß gesammelt werden. Während eines Streites können fantasievolle Schimpfwörter sogar die Streithähne wieder zum Lachen bringen! Wer findet die lustigsten Schimpfwörter?

### Beispiele

*aufgetakelter Ameisenrüssel*
*billiger Besenwisch*
*chinesische Clownnase*
*dusseliger Dosenschädel*
*ewiger Erdbeerschnabel*
*flapsiger Fliegenfänger*
*grölender Gurkenwicht*
*hoffnungsloser Hampelheini*
*irrwitziger Igittbrocken*
*johlender Juckreiz*
*kümmerlicher Knackfrosch*
*lotterlicher Läusekopf*
*miesepetriger Mammutmops*
*nachtblindes Noppentier*
*oberschlauer Oberkloß*
*popeliger Pinselpimpf*
*quasselnde Quakente*
*rostiger Räubernagel*
*sabberndes Seeungeheuer*
*tranige Trieftonne*
*unmögliches Unkenungetüm*
*verlotterte Vogelscheuche*
*wasserscheues Wabbeltier*
*x-füßiges X-Bein*
*ytongharter Yuppikopf*
*zittriger Zottelsocken*

## Wortakrobatik

Erfinden Sie statt Schimpfwörtern Monsternamen (vom Monster *Augenfett* bis zum Monster *Zauderlich*), Lieblingsortschaften (von *Ahlerweilersulzenbach* bis zu *Zwieselbachstein*) oder Unsinn-Namen (von *Akoperodosion* bis zu *Zerfastimanie*)!

### Tipp

Die Kinder malen ihr Monster oder ihren Traumort, z. B. eine schaurige Geisterburg oder ein gruseliges Monster.

### Hinweis

An diesen Wortspielen haben Kinder besonders viel Spaß und Freude. Es entstehen oft fantasievolle Begriffe und erstaunliche Wortbildungen, die alle Beteiligten zum Lachen bringen.

## Quatschgeschichte mit dem ABC

Vielleicht haben Sie jetzt Lust bekommen, sich zusammen mit den Kindern eine Unsinn-Geschichte, in der alle Buchstaben des Alphabets der Reihe nach vorkommen, auszudenken und aufzuschreiben. Hier ein Beispiel:

*Abenteuer sind oft gefährlich. Blumen können dies allerdings auch sein. Der Clown kann ein Lied davon singen. Zusammen mit dem Drachen und einem Elefant wollte er im Fasching den frechen Geistern einen Blumenstrauß schenken. Die wilden Hexen auf ihren Besen erzählten dies dem Indianer Nasskalte Jahreszeiten. Nasskalte Jahreszeiten war ein guter Freund der Kobolde, die schon viele Länder und Landschaften besucht hatten, um dem Meister der Magie in der Nacht zu helfen, zu Ostern Blumen zu verschicken. Die Post brachte die Blumen den Geistern, die gerade „Quiz und Quatsch", eine neue Fernsehserie anschauten. Ritter und Räuber spielten darin die Hauptrolle. Die Geister hatten auch viel Spaß in der Schule, denn Theater, Tänze und Träume waren ihre Lieblingsfächer. Um ein Uhr nachts war die Geisterstunde zu Ende. Die Blumen hatten sie vergessen. Die Vögel schliefen noch tief und fest und bald schon stand Weihnachten vor der Tür. Der Postbote war sauer und flog die schon welken Blumen nach Xselsia, einem fernen Planeten. Die Xselsianer aber klagten dem Yeti ihr Leid, dass der Clown ihnen vertrocknete Blumen schenkte. Der Yeti ging zum Zirkus und drohte dem Clown Prügel an, wenn er nochmals solche Blumen verschenkt.*

## Quiz mit dem ABC

*Wer errät den Buchstaben zuerst?*

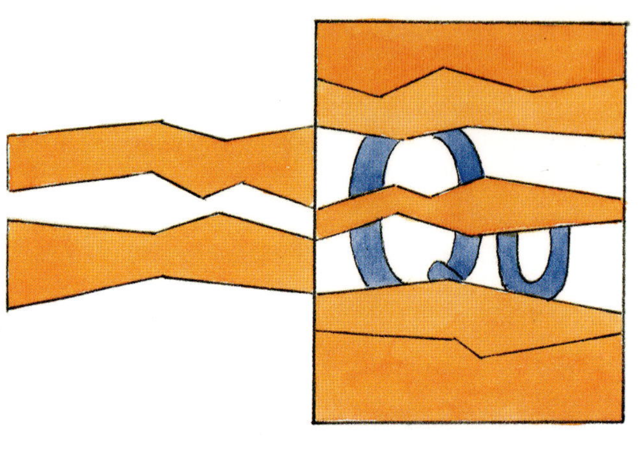

**Material:** buntes Tonpapier (DIN A4), weißes Zeichenpapier, Filzstifte, Schere; evtl. Würfel

- Einen Umschlag aus buntem Tonpapier (DIN A4) falten.
- Eine Hälfte des Umschlages in mindestens sechs Streifen bis zum Faltknick schneiden.
- Auf ein weißes Zeichenpapier, das etwas kleiner ist als der Umschlag, den Buchstaben schreiben.
- Dieses Blatt in den Umschlag stecken.

Am Anfang ist der Buchstabe mit allen Papierstreifen zugedeckt. Nacheinander wird jeweils ein Streifen umgeknickt und gibt einen Teil des Buchstabens frei – wer erkennt ihn am schnellsten?

### Tipp

Auf diese Weise kann nach und nach das ganze ABC gestaltet werden.

### Variante

Wenn es als Würfelspiel gespielt wird, bestimmt die Anzahl der gewürfelten Punkte die Anzahl der Streifen, die geöffnet werden dürfen.

## Für das ABC-Buch: Farbenquirl

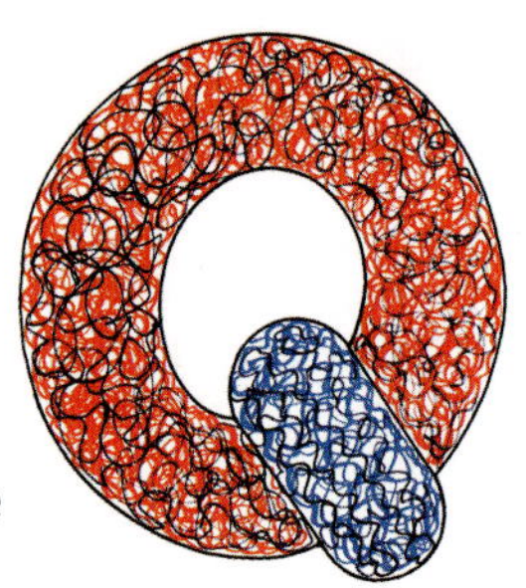

**Material:** Bleistift, Filzstifte

Zeichnen Sie den Buchstaben in Umrissen großzügig in das ABC-Buch. Das Kind darf wie ein Quirl kreuz und quer mit Filzstiften das „**Q**“ und „**q**“ bemalen.

### Variante

Jüngere Kinder können den Buchstaben auch in die Mitte des Blattes drucken und passende Bilder mit dem Anfangsbuchstaben rundum malen.

# Weitere Anregungen

# R – Räuber

*Mit gefährlichen, gewaltsam und rücksichtslos vorgehenden Bösewichten haben die Räuber und Räuberbanden in der Welt der Kinder glücklicherweise wenig zu tun. Sie können zwar auch grimmig schauen und manchmal sogar furchteinflößend wirken, haben aber meist liebenswerte und lustige Seiten an sich, die sie uns sympathisch machen. Beruhigend dabei ist auch, dass bei ihren Streifzügen nie jemand zu körperlichem Schaden kommt und jede Geschichte oder jedes Spiel mit diesen Gesellen letztendlich immer ein gutes Ende nimmt.*

## Die Räuberbande Ratzefatz

*Auf einem Raubzug durch Dörfer und Wälder hat die gefürchtete Räuberbande Ratzefatz viele nützliche Dinge geraubt. In ihrem Versteck angekommen, breiten die Räuber die Beute auf dem Tisch aus und schauen sich alles genau an. Als sie einen Moment lang unaufmerksam sind, entwendet der frechste und kleinste Räuber eine Uhr. Ob die anderen das wohl bemerken?*

**Material:** 5–10 Alltagsgegenstände (z.B. 1 Uhr, Löffel, Stifte, Radiergummi o.Ä.); evtl. 1 Tuch; verschiedene Buchstaben

Fünf bis zehn Gegenstände, die jedem Kind bekannt sind, auf dem Tisch verteilen. Alle MitspielerInnen prägen sich diese Dinge etwa eine Minute lang ein. Danach drehen sich alle um und ein Gegenstand wird entfernt oder durch einen anderen ersetzt. Wer findet heraus, was fehlt oder ausgetauscht wurde?

### Variante 1

Alle Gegenstände sollen ertastet werden. Legen Sie ein Tuch über die Dinge. Die Kinder fühlen mit den Händen, um was es sich handelt. Wird der fehlende oder ersetzte Gegenstand richtig erraten, darf das Kind ihn behalten. Nun ist das nächste Kind an der Reihe.

### Variante 2

Es liegen unterschiedliche, den Kindern bekannte Buchstaben auf dem Tisch. Ein Buchstabe wird entfernt oder ausgetauscht. Wer findet heraus, was fehlt?

### Hinweis

Bei diesem Gedächtnisspiel werden Konzentration, Wahrnehmung und Merkfähigkeit gefördert. Die Anzahl der Gegenstände hängt vom Alter der Kinder ab – je älter die Kinder sind, desto mehr Gegenstände können ausgewählt und ausgetauscht werden.

## Buchstabensack

*Die Räuber haben in der Schule alle Buchstaben geklaut und in einem Sack nach Hause geschleppt.*

**Material:** 1 kleiner Beutel oder Sack, Buchstaben (aus Moosgummi, Holz oder Plastik)

Die Buchstaben in den Beutel stecken. Ein Kind greift hinein, tastet und versucht den Buchstaben zu erfühlen und benennt ihn. Dann helfen alle mit:

- Wer findet Wörter mit diesem Anfangsbuchstaben?
- Sind Gegenstände, die diesen Anfangsbuchstaben haben, im Raum?
- Wer findet Namen (Tiere, Spielsachen etc.) mit diesem Anfangsbuchstaben?

### Variante 1

Statt Buchstaben Gegenstände, die den Kindern bekannt sind, im Beutel ertasten und benennen lassen.

### Variante 1

Gegenstände erraten lassen. Ein Kind fragt z.B.: „Ich habe etwas in der Hand, das mit „**R**" beginnt, rund ist und das am Finger getragen wird.

(Ring)

„Ich habe etwas in der Hand, das mit „**F**" beginnt, in der Mitte steht das „**e**" und am Ende des Wortes hört ihr ein „**r**". Er ist flauschig weich.

(Feder)

## Erfundene Geschichten

*Das macht immer Spaß, vor allem, wenn es um Räuberpistolen geht!*

**Material:** Bleistift, Papier
**Anzahl:** mind. 2 Kinder

Bei diesem Spiel werden drei oder mehr Reizwörter genannt, zu denen eine kleine Geschichte erfunden werden soll. Je nach Alter des Kindes erhöht sich die Anzahl der Reizwörter. Ein Mitspieler sagt drei Wörter, z.B. „Räuber", „Baum", „Wiese". Aus diesen Wörtern müssen die Mitspieler schnell eine Geschichte vortragen oder vorlesen. Wer den lustigsten Text erfunden hat, darf als Nächster Reizwörter nennen.

### Beispiel

*Der* **Räuber** *Riesennase spaziert wie jeden Morgen über eine* **Wiese**. *Es ist eine wunderschöne Blumenwiese mit vielen bunten Blumen. Er schnuppert mit seiner Riesennase jedes Mal ganz fest an ihnen, um sich an ihrem Duft zu erfreuen. Doch so viele gute Düfte machen ihn auch immer ganz müde und er legt sich unter den großen alten* **Baum**, *um in seinem Schatten einen Mittagsschlaf zu halten. Dabei wird er leider ausgeraubt!*

## Für das ABC-Buch: Nass-in-Nass-Malerei

**Material:** wasserfestes Papier, Wasserfarben, Pinsel, Wasserglas, wasserfester schwarzer Filzstift, Schere, Kleber

- Mit dem schwarzen Filzstift die Umrisse der Buchstaben auf das Zeichenpapier schreiben.
- Damit die Wasserfarbe später nicht unbegrenzt zerfließt, nur die Fläche *innerhalb* des Buchstabenumrisses mit etwas Wasser bestreichen.
- Die Kinder tupfen mit dem Pinsel Farbe auf das feuchte Papier. Dabei können sie beobachten, dass die Farbe nur in den Flächen schön fließt, die sie vorher nass gemacht haben. Je nachdem, welche Farben benutzt werden, entstehen dabei schöne Mischfarben.
- Sobald das Bild getrocknet ist, die Buchstaben ausschneiden und in das ABC-Buch kleben.

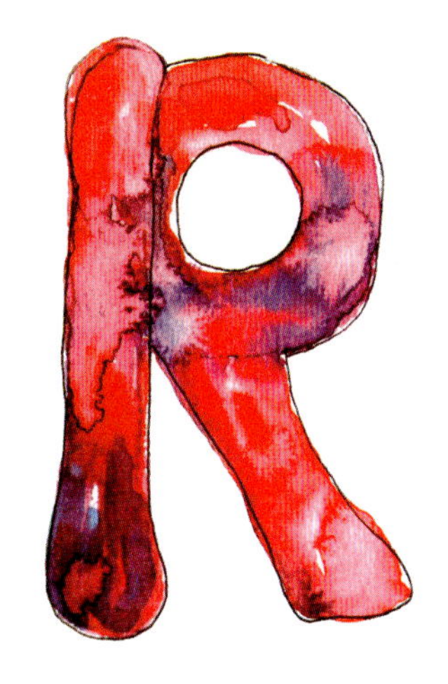

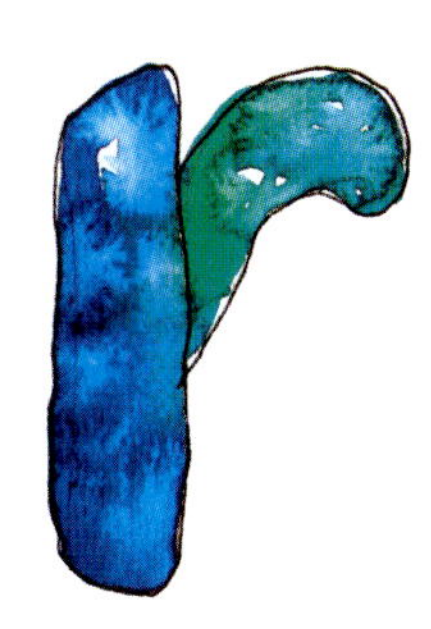

## Zungenbrecher

*In eine echte Räuberfestung zu gelangen oder eine dunkle Räuberhöhle betreten zu dürfen, ist nicht so ohne Weiteres möglich. Hineingelassen wird nur derjenige, der den geheimen Zungenbrechersatz kennt und ihn auch fehlerfrei aufsagen kann. Wie wäre es mit einem der folgenden Sätze?*

*Räuber Ratzelratz rettet Raubritter Ritzeltitz.*
*Ratte Richard rattert rollend rein ins Rattenloch.*
*Rudi Rüssel rollt rasch runde Rüben rüber zu Rabe Reini.*
*Räuber Rosenriese raubt rote Riesenrosen.*
*Robert Rüsselnase rudert rüber zu Raimund Rasselrüssel.*
*Riesengroße Rudel Rehe riechen ringsherum rote Rüben.*

Wem fallen noch andere Zungenbrechersätze mit „**R**“ ein?

# Weitere Anregungen

# S – Spaß in der Schule

*Jedes Jahr kommen viele tausend Kinder neu in die Schule. Die ABC-Schützen, wie sie auch genannt werden, beginnen einen neuen Abschnitt in ihrem Leben. Freudig gespannt, aber manchmal auch etwas unsicher, betreten sie am ersten Schultag mit ihrer Schultüte das Schulgebäude. In den nächsten Wochen und Monaten werden sie in ihrer neuen Umgebung behutsam an Aufgaben wie Lesen und Schreiben herangeführt. In den meisten Ländern der Welt besteht die so genannte Schulpflicht. In früheren Jahrhunderten war dies nicht der Fall. Da mussten Kinder stattdessen oft hart arbeiten und hatten nicht die Möglichkeit, Rechnen, Schreiben, Lesen oder gar andere Sprachen zu lernen.*

## Lese-Schreib-Ecke

*Besonders Vorschulkinder spielen gerne Schule und können es oft nicht erwarten, bis sie endlich Rechnen, Lesen und Schreiben lernen. Ermutigen Sie die Kinder zu entdeckenden und kreativen Lese-Schreibspielen, indem Sie ihnen eine frei zugängliche Schreib- und Leseecke einrichten.*

**Material:** alte Zeitungen, ausgediente Kataloge, Papier, Mappen, Briefpapier, Stifte, Stempel, Stempelkissen etc.

Stellen Sie den Kindern alte Zeitungen und ausgediente Kataloge, Papier, Mappen, Briefpapier, Stifte, Stempel, Stempelkissen und vieles mehr zur Verfügung. Sie werden überrascht sein, mit wie viel Freude die Kinder den Großen nacheifern.

### Hinweis

Die Schreiblust der Kinder wird durch eine anregende Schreibumgebung unterstützt.
Lassen Sie das Kind auch an eigenen Schreibtätigkeiten teilhaben und lesen Sie laut mit beim Schreiben. Ermuntern Sie die Kinder, eigene kleine Nachrichten zu malen oder zu schreiben, nehmen Sie ihre Kritzelbriefe ernst und hinterfragen Sie ihre Bedeutung. Schreiben Sie die Buchstaben und Wörter, nach denen das Kind fragt, vor und achten Sie dabei auf die Schreibrichtung, damit sich keine falschen Bewegungsabläufe einprägen (→ S. 8). Sprechen Sie den Buchstabenlaut immer deutlich aus – so entsteht ein Verständnis für die Buchstaben-Laut-Verbindung. Die Kinder lernen dadurch, dass jeder Laut durch einen bestimmten Buchstaben repräsentiert wird.

## Wer weiß es?

*Folgende Rätsel aus der Erfahrungs- und Erlebniswelt der Kinder regen zum Nachdenken und Erzählen an. Sie können ebenso bekannte Geschichten nacherzählen oder weiterspinnen lassen. So festigt und erweitert sich der Wortschatz der Kinder, Fantasie und Kreativität werden gefördert. Sie sollten dabei den Schwierigkeitsgrad an das Alter der Kinder anpassen.*

### Beispiele

- *Es ist ein Ort, zu dem ältere Kinder jeden Vormittag in der Woche gehen, es sei denn, sie sind krank oder es sind Ferien.* (Schule)
- *Diesen Gegenstand nimmst du an deinem ersten Schultag mit. Er ist gefüllt mit allerlei nützlichen, schönen und vielleicht auch ein paar süß schmeckenden Dingen. Es ist die …?* (Schultüte)
- *Der Lehrer schreibt mit Kreide darauf.* (Tafel)
- *Jedes Schulkind benötigt diesen Gegenstand, Hefte und Bücher wohnen darin, wenn man sie gerade nicht braucht.* (Schulranzen)

## Schwungübungen

Schwungübungen sind ein wichtiger Bestandteil zum Erlernen der Schreibfertigkeit. Auf einfache Weise werden eine gelöste Haltung und Bewegung trainiert. Wichtig ist ein spielerischer, unverkrampfter Einstieg, der an das Alter des Kindes angepasst ist. Es sollte nicht durch Überforderung den Spaß am Malen, Zeichnen und Schreiben verlieren. Am besten fangen Sie mit einem großflächigen Format an und benutzen Wachsmalstifte, die gut in der Hand des Kindes liegen. Je älter das Kind wird, umso differenzierter sollten die Übungen sein (→ S. 77, Malspiel Buchstabe „**N**“). Die folgenden Beispiele können für das Kind oder zusammen mit dem Kind auf Papier übertragen und weiter gestaltet werden.

### Unter Wasser: Die Fische brauchen noch ein Schuppenkleid!

### Beim Frisör: Male die Frisuren weiter!

## Sockentiere

*Heute machen alle Kinder, die Lust dazu haben, Puppen aus Socken. Dazu bringen sie einzelne, alte Socken von Zuhause mit, deren Gegenstücke auf geheimnisvolle Weise verschwunden sind. Aus diesen Einzelstücken, wie sie in jedem Haushalt zu finden sind, können die lustigsten Handpuppen gestaltet und mit zusätzlichen Materialien wie Knöpfen, Stoffen, Woll- und Papierresten herausgeputzt werden. Die Spielfiguren eignen sich hervorragend zum Aufführen von Theaterstücken und können für die tollsten ABC-Spiele benutzt werden.*

**Material:** alte Socken, Bleistift, Karton (ca. 30 × 20 cm), Klebstoff, Schere, Nadel, Faden, Knöpfe, Filz-, Gardinen-, Papier-, Kartonreste, ausgedienter Modeschmuck, Wattekugeln, Wackelaugen, Füllwatte, alte Feinstrumpfhose

- Für den Mund ein Oval auf Karton zeichnen und ausschneiden. Dabei bestimmt die Größe der Socke und des geplanten Sockentieres die Größe des Ovals.
- Das Oval zur Hälfte zusammenfalten, so entsteht in der Mitte ein Knick.

- Mit der Hand in die Socke schlüpfen und das Kartonstück ausprobieren, um die richtige Position des Mundes herauszufinden. Diese Position festhalten, die Socke nach links drehen und das Kartonstück so aufkleben, wie sich später der Mund des Tieres bewegen soll.
- Um die Handpuppe zu dekorieren, die einzelnen Teile aufkleben oder nähen. Wolle für die Haare oder den Bart durch die Socke ziehen und verknoten. Von außen Filzreste als Mund ankleben oder annähen. Nasen entstehen durch angenähte Knöpfe und Hüte aus Papierresten.

- Mit Füllwatte bringen Sie die Puppen zusätzlich in Form. Dazu stopfen Sie Füllmaterial in ein Stück Feinstrumpfhose, verknoten diese und drücken sie in die Socke. Die Hand zum Spielen muss trotzdem noch Platz haben. Mit ein paar Stichen können Sie das Füllmaterial innen festnähen. Auf diese Art können z. B. auch Kopfformen verändert oder große Nasen besonders hervorgehoben werden.

## Streit unter Sockentieren

*Bei diesem Spiel stellt sich die Frage: Welche Anfangsbuchstaben sind wichtiger?*

**Material:** Buchstabenkärtchen („**S**“, „**Sch**“), 3 Sockentiere, 2 Sicherheitsnadeln; evtl. andere Buchstabenkärtchen
**Vorbereitung:** Mit je einer Sicherheitsnadel einem Sockentier das Kärtchen mit „**S**“ im Mund befestigen und einem das „**Sch**“.

Die Kinder setzen sich in einen Stuhlkreis. Zwei Kinder bespielen jeweils eine Puppe. Das eine Sockentier sagt: „Ich bin viel wichtiger, weil so viele Wörter mit „**S**“ beginnen! Kinder, sagt mir Wörter mit ‚**S**‘!“ (z. B. *Spaß, Socke, Saum, Soße, Seil* usw.)
„Nein!“, ruft das andere Sockentier. „Ich bin viel wichtiger! Ich habe gleich drei Buchstaben, die am Anfang stehen und zusammen als ‚**Sch**‘ ausgesprochen werden! Kinder sagt mir Wörter dazu!“ (z. B. *Schule, Schal, Schaf, Schwein* usw.)
Die Puppen streiten hin und her, dann kommt die dritte Puppe ins Spiel: „So hört euch diese beiden Streitsocken an! Habt ihr schon einmal daran gedacht, dass dein ‚**S**‘ und dein ‚**Sch**‘ zusammen in einem Wort vorkommen können? Was ist mit den Wörtern ‚**Sch**ul**s**achen‘ oder ‚**Sch**laf**s**ack‘? Kinder, fallen euch noch ähnliche Wörter ein?“ (z. B. *Schokosoße, Seidenschal, Silberschnur* usw.)
„Ihr seht, alle Buchstaben zusammen sind wichtig!“

### Varianten

- Mit diesen Sockentieren kann das ganze Alphabet auf spielerische Weise erkundet werden: So trägt z. B. eine Maus das „**M**“ im Maul und lässt die Kinder Gegenstände oder Begriffe mit dem Anfangsbuchstaben „**M**“ suchen.
- Eine Geschichte vorlesen: Erkennen und benennen die Kinder einen zuvor abgesprochenen Buchstaben am Anfang eines Wortes, er-

scheint das Sockentier mit dem entsprechenden Buchstaben im Maul.

- So nach und nach das Tieralphabet mit Sockentieren (von „**A** – Affe“ bis „**Z** – Zebra“) gestalten.

## Für das ABC-Buch: Buchstabenbild-Collage

**Material:** Stifte, Schere, alte Kataloge, Zeitschriften oder Prospekte, Kleber

Malen Sie mit jedem Kind einen großen Buchstabensack und eine Schultüte in das ABC-Buch. In Zeitungen und Prospekten suchen die Kinder die passenden Buchstaben, Wörter und Abbildungen heraus, schneiden sie aus und kleben sie in die Zeichnung.

### Hinweis

Besonders Vorschulkinder lieben Aktivitäten, die in Verbindung mit Schule stehen. Lenken Sie die Aufmerksamkeit der Kinder auf den Anfangsbuchstaben und achten Sie dabei auf eine deutliche Aussprache. Kinder erkennen bei der Herstellung der Collage, dass diese Laute von bestimmten Zeichen, den Buchstaben, repräsentiert werden. Sie verbinden den Buchstabenlaut mit dem Buchstabenbild und entwickeln ein Verständnis für die Buchstaben-Laut-Verknüpfung. Das ist eine gute Vorbereitung für das Lesen und Schreiben.

## Zungenbrecher

***S**orgfältig **s**augen **s**eltsame **S**avannentiere **s**auberes **S**üßwasser.*
***S**ieben **S**iebenschläfer **s**treiten **s**ich **s**ehr **s**elten.*
***Sch**laue **Sch**impansen **sch**labbern **sch**nell **Sch**okopudding.*

# Weitere Anregungen

# T – Theater, Tänze, Träume

*Kinder lieben Theaterstücke und Puppenspiele. Sie empfinden die Spielfiguren als lebendige Partner und erleben die Handlungen auf der Bühne als wirkliche Gegebenheiten. Auch wenn Kinder Puppen selbst in die Hand nehmen, schlüpfen sie in deren Rolle. Sie können beim Spiel mit viel Fantasie Abenteuer erleben und Gefühle, Träume, Wünsche und Ängste ausleben. Aus scheuen Kindern werden mutige, starke Ritter, mächtige Zauberer und verwunschene Prinzessinnen. Sie werden „Herren" über die ganze Märchenwelt. Auf diese Art können Erlebnisse und Erfahrungen verarbeitet und umgesetzt werden.*

## Das Briefumschlagtheater

**Material:** 1 Briefumschlag, Schere, Klebstoff, Papierreste, Filzstifte

Zaubern Sie eine Theaterbühne aus einem Briefumschlag. Mit einer kleinen Papierpuppe dazu können Sie ein Theaterstück aufführen, das vor allem die jüngsten Zuschauer in seinen Bann ziehen wird.

- Klappen Sie die Lasche des Briefumschlages nach oben. Die geschlossene untere Seite schneiden Sie auf.
- In Form von Theatervorhängen schneiden Sie einen Teil an der Vorderseite des Briefumschlages heraus.
- Wenn Sie möchten, verzieren Sie die Bühne mit Filzstiften.
- Zeichnen Sie auf ein Stück Papier eine Spielfigur und schneiden Sie sie aus. Mit einem auf der Rückseite der Figur aufgeklebten Papierstreifen können Sie die Spielpuppe auf der Bühne hin und her bewegen.

## Tänzerin Tina erzählt eine Geschichte

Wer hört jedes „**T**" am Anfang eines Wortes? Sagen Sie den Kindern, dass sie in die Hände klatschen oder aufstehen sollen, wenn sie ein „**T**" oder „**t**" hören.

*Eines Tages wollte ich im Theater tanzen. Weil ich müde war vom langen Üben der Tanzschritte, schlief ich ein und träumte einen fürchterlichen Traum: Ein tobender Tiger kam auf mich zu! Zu Tode erschrocken wollte ich die Treppe herunter rennen, doch der Tiger war schneller und stellte sich vor die Tür: „Hab keine Angst, ich wollte dir nur eine Tulpe schenken, weil mir dein toller Tanz so gut gefallen hat!" Da wachte ich auf und es war taghell, eine Tulpe lag neben mir! Wer die wohl gebracht hat?*

## Tausendfüßler Theo

### (Stabpuppe)

**Material:** 1 Glas oder 1 Tasse, festes, buntes Tonpapier, Bleistift, Schere, Klebstoff, Pfeifenputzer, 1 flacher Holzstab (30–40 cm lang, 2 cm breit), 2 Perlen, Filzstifte

- Die Kinder zeichnen mit Hilfe eines Glases oder einer Tasse Kreise auf Tonpapier und schneiden sie aus.
- Diese Scheiben kleben sie etwas überlappend aneinander, so dass der Kopf etwas höher sitzt.
- Die Kinder gestalten die Tierfigur weiter aus, indem sie Augen, Nase und Mund aufzeichnen und Kugeln an Pfeifenputzer knoten und als Fühler aufkleben. Die Beine des Tausendfüßlers können aus Papier ausgeschnitten oder aus Pfeifenputzer geformt aufgeklebt werden.
- Den Kartonstreifen, mit dem die Puppe bewegt werden soll, aus Tonpapier ausschneiden und an die Rückseite der Figur kleben. Damit der Streifen beim Spielen nicht umknickt, stabilisiert ein hinten aufgeklebter Holzstab die Spielpuppe.

### Tipp

Auf diese Weise können viele unterschiedliche Tierfiguren zum Spielen hergestellt werden. Spannen Sie eine Decke über zwei Stühle, schon ist eine kleine Bühne fertig, hinter der Sie kniend unsichtbar für Ihre Zuschauer spielen.

## Träumender Tausendfüßler Theo (Wörtersuche)

**Material:** Stabpuppe, Bühne, Rätselkarten
**Vorbereitung:** Sammeln Sie Rätsel zu Oberbegriffen (z.B. Essen, Spielzeug) oder legen Sie selbst Wortkarten mit Beschreibungen an.

In diesem Spiel werden einzelne Begriffe zu Themenbereichen wie Essen oder Spielzeug in allen Einzelheiten beschrieben, die die Kinder erraten sollen, z.B.:
„Es ist etwas zum Essen – ich träume von einer süßen Masse, die im Mund zerläuft! Wenn ich es in die Sonne lege, wird es klebrig und kann schmelzen!" (Schokolade)

### Variante 1
Theo Tausendfüßler sucht Wörter mit dem Anfangsbuchstaben **„T"**. Wer kann ihm helfen? (z.B. Tasse, Tiger, Tennis, Telefon, Trommel, Tee, Tüte, ...)

### Variante 2
Damit Theo es nicht allzu leicht hat, beschreiben die Kinder den Begriff und lassen ihn raten.

## Buchstabentanz

**Material:** Karton, Notizzettel, Stift, Musik
**Vorbereitung:** Einen Buchstaben zweimal auf Karton schreiben und beide als Karten ausschneiden.

Die Buchstabenkarten im Raum verteilen. Beginnen Sie mit wenigen, aber bekannten Buchstaben.

- Während die Musik läuft, tanzen die Kinder umher.
- Sobald die Musik abgeschaltet wird, zeigt die Spielleitung eine Karte hoch, z.B. das **„T"**, und legt sie auf den Boden.
- Alle Kinder laufen zu dem Buchstaben **„T"** und stellen sich um ihn herum.
- Jeder, der ein Wort mit dem Anfangsbuchstaben **„T"** nennen kann, bekommt einen Punkt. Wer am Ende des Tanzes die meisten Punkte hat, gewinnt.

### Varianten
- den Buchstaben nur aufrufen, nicht auf dem Buchstabenkarton zeigen
- anstelle des Buchstabens Begriffe oder Namen mit dem gesuchten Buchstaben rufen
- Großbuchstaben auslegen, Kleinbuchstaben zeigen

## Für das ABC-Buch: Tanzendes „T“!

**Material:** bunte Kreiden, Teller, Schere, Tonpapier für die Buchstabenschablone, evtl. Haarspray oder Fixativ

Schneiden Sie aus festem Tonpapier „**T**“ und „**t**“ als Schablone aus und legen Sie diese in das ABC-Buch.
Die Kreide in einem Teller etwas zerbröseln. Die Kinder nehmen mit dem Finger diese Farbteilchen auf und fahren rundum über die Schablone auf das Papier, so dass die Farbe verschmiert.

### Tipp

Eine besonders schöne Wirkung erzielt man, wenn die Schablone öfter verschoben wird. Damit die Kreide auf dem Papier haften bleibt, das Ganze mit Haarspray oder Fixativ besprühen und trocknen lassen, bevor das ABC-Buch zugeklappt wird.

## Zungenbrecher

*Tausendfüßler Theo tanzt tausend tolle Tanzschritte.*
*Tante Tina trinkt teuren Tee.*
*Tonnenschwere Tiere tragen tausend Tannen.*

# Weitere Anregungen

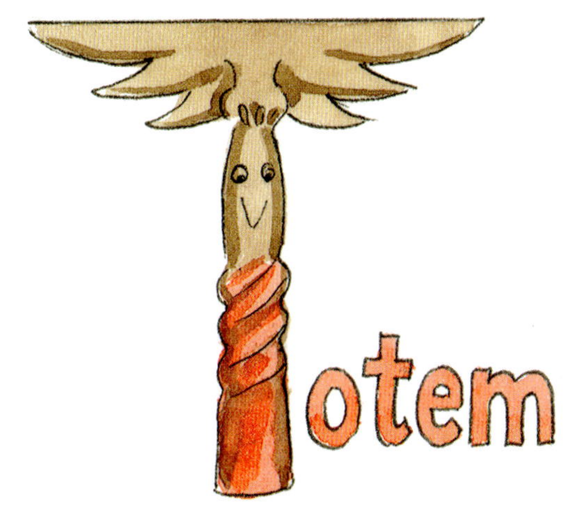

# U – Uhren

*Seit dem 13. Jahrhundert gibt es Uhren, die durch ein Räderwerk angetrieben werden. Den Antrieb dazu lieferte ein Gewicht oder eine Feder, die aufgezogen werden musste. Anfang des 16. Jahrhunderts baute der Nürnberger Mechaniker Peter Henlein die ersten tragbaren Uhren. Nur wenige Menschen besaßen damals eine solche Uhr. Heute hat fast jeder eine Armbanduhr und schon Kinder im Kindergartenalter lernen Zeitangaben auf einer Uhr zu lesen und zu verstehen.*

### Hinweis

Kinder erleben Zeit hauptsächlich in der Gegenwart, das „Jetzt", der Augenblick ist wichtig für sie. Zeiten, die mit interessanten, freudigen Tätigkeiten ausgefüllt werden, sind für sie kurzweilig – zeitlos. Erst durch Wartezeiten, Langeweile oder emotionale Unausgeglichenheit wird ihnen die Dauer bewusst: die Zeit wird lang.
Zeitbegriffe des Klein- und Vorschulkindes hängen ganz von anschaulichen und räumlichen Gegebenheiten, also von „erlebter" Zeit, ab. Nur den Gesichtspunkt der messbaren Zeit, wie z.B. durch die Uhr oder den Kalender dem Kind nahe zu bringen, wäre in diesem Alter zu abstrakt. Messbare Zeiten, z.B. die Uhr, können dem Kind durch gewohnte Tätigkeiten und Abläufe verständlich gemacht werden. Folgende Aktivitäten zur Uhr bieten viele unterschiedliche Sprechanlässe, die das Kind in seiner gesamten Sprachkompetenz fördern. Dabei sollten Sie bewusst alle Handlungen sprachlich intensiv begleiten, z.B. beim Herstellen der Spieluhr alle gemeinsamen Tätigkeiten benennen und Materialien, Techniken und Arbeitsschritte genau erklären.

## Spieluhr

**Material:** schwarzer und weißer Fotokarton, Zirkel, Lineal, Bleistift, Schere, Filz- oder Buntstifte, Musterklammern

- Mit dem Zirkel einen Kreis (Ø ca. 25 cm) auf weißen Karton zeichnen und ausschneiden.
- Diese Scheibe teilen Sie mithilfe eines Lineals in Felder ein, dabei beginnen Sie mit den Ziffern 3, 6, 9 und 12. Im gleichen Abstand werden die restlichen Zahlen markiert. In die Mitte der Scheibe stechen Sie mit der Schere ein kleines Loch.
- Schneiden Sie aus schwarzem Fotopapier zwei Zeiger in unterschiedlicher Länge zu.
- An den Enden wird jeweils ein Loch durchgestochen.
- Die Musterklammer zuerst durch den großen, dann durch den kleinen Zeiger stecken und an der Uhr befestigen, indem Sie die Musterklammer durch das Loch in der Scheibe stecken und hinten umknicken. Nicht zu fest andrücken, damit sich beide Zeiger gut drehen lassen.

## Tätigkeitsbilder

*Tätigkeitsbilder zu den verschiedenen Uhrzeiten angeordnet, helfen dem Kind, Zeiteinteilungen besser zu verstehen. Diese Bilder können auch aus Katalogen und Zeitschriften ausgeschnitten und aufgeklebt werden.*

**Material:** weißer Karton, Schere, Bleistift, Farbstifte oder ausgediente Kataloge und Zeitschriften

- Schneiden Sie aus weißem Karton mehrere Rechtecke (ca. 4 × 8 cm) aus.
- Auf diese Kärtchen verschiedene Situationen, die dem Kind vom Tagesablauf her bekannt sind, zeichnen: z.B. Waschen, Anziehen, Frühstück, Einkaufen, Mittagessen, Spielen, Abendessen und Schlafen.
- Stellen Sie mit dem Kind zusammen die Zeiger auf eine bestimmte Uhrzeit, benennen Sie diese und ordnen Sie das passende Tätigkeitsbild zu.

### Hinweis

Besprechen Sie mit den Kindern den immer wiederkehrenden Tagesablauf und die verschiedenen Tätigkeiten zu bestimmten Zeiten. Jedes Kind hat eine Vorstellung und Erfahrungen zu den genauen Abläufen und soll zum Gespräch beitragen. Begriffe wie „morgens“, „vormittags“, „mittags“, „nachmittags“, „abends“ und „nachts“ werden dabei besonders herausgestellt und es wird besprochen, was zu der jeweiligen Tageszeit gemacht wird. Die Einteilung in Sekunden, Minuten und Stunden ebenfalls durch entsprechend lange Tätigkeiten aufzeigen. Die Verbindung von messbarer Zeit und passenden Tätigkeiten erleichtert dem Kind das Verständnis für Zeiteinteilungen.

### Variante

Jedes Kind sucht sich eine Tageszeit aus und malt ein Bild dazu. Die fertigen Zeichnungen am Boden mit der Uhr auslegen (alternativ können sie auch an die Wand gepinnt werden). Die Zeichnungen können von den Kindern nun der jeweiligen Zeit zugeordnet und die Uhr kann dazu eingestellt werden.

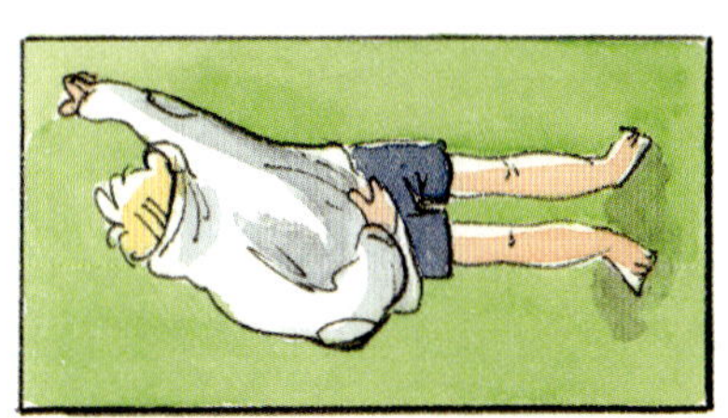

## Pantomime

Besprechen Sie mit den Kindern den Tagesablauf. Zeigen Sie dazu passende Bewegungen und Gesten, z. B.:

- *„Es ist Nacht, alle Kinder schlafen" (Kinder liegen mit geschlossenen Augen am Boden).*
- *„Langsam wird es hell, die Menschen und Tiere wachen auf" (Kinder strecken und recken sich).*
- *„Die Kinder gehen ins Bad, waschen sich und ziehen sich an" (entsprechende Bewegungen dazu).*
- *„Das Frühstück steht schon bereit, alle Kinder trinken aus ihrer Tasse Milch und essen Cornflakes" (Trink- und Kaubewegungen).*
- *„Die Kinder gehen ins Bad und putzen ihre Zähne" (entsprechende Bewegungen dazu).*
- *„Nun ziehen sich alle Jacken und Schuhe an, nehmen ihre Taschen für den Kindergarten oder für die Schule" (entsprechende Bewegungen) ...*

Jeder Ablauf wird von der Spielleitung für alle Kinder hörbar durch einen Schlag auf die Handtrommel angezeigt. Die Uhrzeit passend zu den Tätigkeiten einstellen und benennen.
Klappt dies schon gut, kann ein Kind die Uhrzeit einstellen und die Mitspieler machen die entsprechenden Gesten und Bewegungen.

### Tipp

Je nach Alter und Wissensstand der Kinder kann die Anzahl der Bewegungen durch den gesamten Tagesablauf ausgebaut werden.

## Was ist das?

Kinder lieben Rätsel als reizvolle Möglichkeit, ihr Wissen unter Beweis zu stellen. Die Umschreibung von Gegenständen aus ihrer Erfahrungswelt macht sie neugierig und schult gleichzeitig spielerisch ihren Wortschatz und das Sprachvermögen.

*Wie heißt das Ding hier an der Wand,*
*es schlägt und hat doch keine Hand.*
*Es macht ticktack in einer Tour,*
*kennst du sie, es ist die ...*

*Sie hat wohl Räder, doch sie fährt nicht fort.*
*Sie kann gehen, doch steht sie am Ort.*
*Sie kann Auskunft geben, obwohl sie nicht spricht.*
*Sie hat keine Hände, trotzdem kann sie schlagen.*
*Manche kannst du auch in der Tasche tragen.*
*Was ist das?*

*Das Ding geht in einem fort*
*Und kommt doch keinen Schritt vom Ort.*

*Was läuft auch ohne Füße?*

## Uhrengeräusche

*In der heutigen Zeit gibt es häufig digitale Uhren. Deshalb ist es für die Kinder nicht mehr so selbstverständlich, die verschiedenen Uhrengeräusche, das gleichmäßige, typische Ticken zu hören. Die Wahrnehmung durch das Ticken und Schlagen von mechanischen Uhren, die hörbare Einteilung von Zeit, gibt dem Kind aber eine Vorstellung, wie Zeit vergeht. Durch das genaue Hören von unterschiedlichen Uhrengeräuschen kann der Begriff „Zeit" näher gebracht werden. Zugleich schult es seinen Hörsinn, lernt aufmerksam und konzentriert zuzuhören, eine wichtige Voraussetzung zum späteren Lesen- und Schreibenlernen.*

**Material:** unterschiedliche Uhren (z. B. Armbanduhr, Taschenuhr, Wanduhr, tickender Wecker), Suppenteller aus Porzellan

Besorgen Sie sich tickende Wecker, Armbanduhren, Wanduhren oder Taschenuhren. Interessant ist der Besuch eines Gebäudes (Kirche, Rathaus) mit einer großen Uhr, deren Klang gehört werden kann. Vielleicht findet sich ja in der

Nähe ein Uhrmacher, der die unterschiedlichen Uhren zeigen kann.
Das tickende Geräusch eines Weckers ist besonders gut hörbar, wenn man den Wecker auf einen umgedrehten Suppenteller aus Porzellan stellt. Dieser Resonanzraum lässt auch das Klingeln des Weckers lauter werden.

Nachdem die Kinder die unterschiedlichsten Uhrengeräusche wahrgenommen haben, erfinden sie die passenden Bewegungen dazu, z. B.:

- Klang einer Kirchturmuhr: BIM – BAM – BIM – BAM *(der ganze Körper mit weit ausgebreiteten Armen schwingt hin und her)*
- Klang einer Standuhr: TICK – TACK – TICK – TACK *(der ganze Arm wird im Takt hin und her bewegt)*
- Klang eines Weckers: TICKE – TACKE – TICKE – TACKE *(der Unterarm wird im Takt hin und her bewegt)*
- Klang einer Armbanduhr: TICK – TICK – TICK *(der Zeigefinger wird hin und her bewegt)*
- Klang einer Taschenuhr: TICKTICKTICKTICK *(die Hand wird im Takt bewegt)*

## Verschiedene Uhren (Collage)

*Die vielen verschiedenen Uhren werden z. T. ganz unterschiedlich eingesetzt: Es gibt Armbanduhren, Standuhren, Parkuhren, Stoppuhren, Taschenuhren, Sonnenuhren, Wasseruhren, Feueruhren, Küchenuhren, Taucheruhren, Kuckucksuhren, Sanduhren, Kaminuhren, Digitaluhren, Bahnhofsuhren, Turmuhren, Spieluhren, Weckuhren, Damenuhren, Herrenuhren, Rathausuhren... Wem fällt noch eine Uhr ein?*

**Material:** Kataloge, Zeitungen, Werbeprospekte, Tonpapier, Schere, Kleber

Jedes Kind sammelt aus Prospekten und Katalogen möglichst viele Abbildungen von Uhren. Alle Kinder kleben diese Bilder zu einer großen Collage zusammen. Beim Deuten auf einzelne Uhren stellen sie sich folgende Fragen:

- Welche Geräusche erzeugen solche Uhren?
- Wer benutzt sie?
- Wofür werden die unterschiedlichen Uhren gebraucht?

## Für das ABC-Buch: Zeichnen mit dem „U“

*Werden Buchstaben als zeichnerische Elemente genutzt, ergeben sich durch die Art ihrer Anordnung und Zusammenstellung viele unterschiedliche Ausdrucksmöglichkeiten. Je nach*

*Alter und Wissenstand der Kinder entstehen oft erstaunliche Bilder. Selbst Kinder, die noch nicht schreiben können, haben sehr kreative Ideen.*

**Material:** Filzstifte

Geben Sie das „**U**“ und „**u**“ vor und lassen sie ein Bild oder Muster mit den Buchstaben gestalten. Dieser Buchstabe eignet sich wie alle symmetrischen Buchstaben sehr gut, da er auch seitenverkehrt gemalt die richtige Form behält.

### Tipp

Die Bilder können mit verschiedenen Stiften gestaltet werden. Neben Filz- und Buntstiften eignen sich für kleinere Kinder Wachsmalkreiden und größere Formate.

### Zungenbrecher

*__U__ralte __U__hren __u__nterstützen __u__nseren __U__nterricht. __U__nförmige __U__ngeheuer __u__nterschätzen __u__ngemütliche __U__nwetter __u__nter __U__lmen.*

## Weitere Anregungen

# V – Vögel

*Vögel tragen ein Federkleid, das sie vor Kälte und Nässe schützt. Ihre Flügel sind Antrieb und Tragfläche zugleich. Zusammen mit den Schwanzfedern benutzen sie die Flügel auch zum Steuern. Vögel legen ihre Eier meist in selbst gebaute Nester und brüten diese aus. Wenn die Jungen geschlüpft sind, werden sie von den Vogeleltern so lange mit Nahrung versorgt, bis sie flügge sind und sich selbst auf Nahrungssuche begeben können. Die meisten Vogelarten sind gute Flieger. Nur sehr wenige können schlecht oder gar nicht fliegen und leben auf dem Boden, wie der Strauß oder der Pinguin.*

## Gestrickte Vögel

*Märchen und Erzählungen ziehen Kinder immer wieder in ihren Bann. Die Kinder erleben in diesem Moment die Geschichten mit und verfolgen gespannt den weiteren Verlauf. Geschichten, die mit Fingerpuppen erzählt und gespielt werden, sind bei den jüngeren Kindern besonders beliebt. Für das folgende Fingerspiel „Ziep und Piep" brauchen Sie natürlich die passenden Puppen. Aus Wollresten gestrickt und mit Knöpfen, Filz und Federn ausgestaltet, wirken diese kleinen Vögel sehr ansprechend.*

**Material:** gelbe und rote Wollreste, Nadelspiel in passender Stärke, Füllwatte, Nähnadel, 4 kleine schwarze Knöpfe, rote Filzreste, Federn

- Nehmen Sie mit dem Nadelspiel 16 Maschen auf, jeweils 4 Maschen verteilt auf jede Nadel.
- Mit rechten Maschen stricken Sie einen ca. 6 cm langen Schlauch.
- In den folgenden Reihen stricken Sie in jeder Reihe immer zwei Maschen zusammen.
- Die beiden restlichen Maschen werden abgekettet. Durch die letzte Masche ziehen sie den Wollfaden und vernähen ihn innen.
- Stopfen Sie den Kopf mit Füllwatte und ziehen Sie ihn mit ein paar Nadelstichen fest zusammen.
- Aus Filzresten schneiden Sie den Schnabel zu und nähen ihn an passender Stelle an.
- Mit ein paar Stichen befestigen Sie zwei kleine Perlen als Augen und eine Feder am Hals – fertig ist der erste Piepmatz. Den zweiten ebenso fertigen.

## Ziep und Piep und das Alphabet

*Kleine Zankereien sind bei Kindern, selbst wenn sie die dicksten Freunde sind, nichts Ungewöhnliches. Auch die beiden Vogeljungen Ziep und Piep sind da keine Ausnahme. Am Schluss löst sich ihr kleines Streitgespräch aber in Wohlgefallen auf, wie das bei Kindern auch meistens der Fall ist.*

**Material:** 2 gestrickte Vögel (→ S. 113)

Nehmen Sie die beiden Fingerpuppen auf den Zeige- und Mittelfinger der rechten Hand, bevor sie zu lesen beginnen. Die linke Hand dient als „Ast", auf dem die zwei Vögel sitzen. Je nachdem, welcher Vogel danach spricht, verdeckt die linke Hand den anderen Vogel. Am Schluss sitzen Ziep und Piep wieder einträchtig nebeneinander.

*Ziep und Piep fliegen auf einen Ast*
*und machen dort erst einmal Rast.*
*Ziep der kleine Piepmatz dort,*
*ergreift sodann das erste Wort.*

*(Ziep:)* „Piep, ich denke immerzu,
dass ich besser bin als du.
Ich kann bereits das Alphabet,
hör zu, ich sag dir wie es geht!"
*(Piep:)* „Ach, lieber Ziep, an diesem Tage,
ist es besser, wenn **ich** es sage."
*Dann sprechen beide ohne Hast,*
*das ABC auf diesem Ast.*
*(zusammen:)* „A, B, C, D, E, F, G,
seht, das ist der ganze Dreh.
H, I, J, K, L, M, N, O,
das Alphabet, das lernt man so."
*(Ziep:)* „Hörst du, Piep, wie gut ich's kann?"
*(Piep:)* „An mich kommst du jedoch nicht ran!"
*Antwortet Piep und macht weiter,*
*denn er glaubt, er ist gescheiter.*
*(Piep:)* „P, Q, R, S, T, U, V, W,
das ABC, das tut nicht weh.
Ein X, ein Y und ein Z,
dann ist das Alphabet komplett."
*Der Ziep, der staunt dabei nicht schlecht:*
*(Ziep:)* „Du kannst es besser, du hast recht!"
*Da antwortet Piep:* „Aber mein Ziepchen, nein,
der Sieg gehört dir ganz allein!"
*Nun wollen sie sich wieder vertragen*
*und es gemeinsam noch mal sagen:*
„A, B, C, D, E, F, G,
seht, das ist der ganze Dreh.
H, I, J, K, L, M, N, O,
das Alphabet, das lernt man so!
P, Q, R, S, T, U, V, W,
das ABC, das tut nicht weh.
Ein X, ein Y und ein Z,
dann ist das Alphabet komplett!"

### Tipp

Kinder können sich Reime und Gedichte schneller merken, wenn durch die Bewegungen der Fingerspiele das Gedächtnis und die bildliche Vorstellung unterstützt werden. Sie lieben Wiederholungen, das „Erkennen" von Texten und Handlungen, und trainieren dabei spielerisch Konzentration, Wortschatz und Ausdrucksfähigkeit.

## Diebische Elster

Die diebische Elster hat Kindern aus ihrem Setzkasten viele Buchstaben stibitzt und in einem Baum versteckt. Suche das „**V**“!

## Die Zugvögel

### (Bewegungsspiel für Sporthalle und Garten)

*Kinder lernen effektiver, wenn Spiele mit Bewegungen und Tätigkeiten gekoppelt werden. Durch die direkte Verbindung von Wort und Handlung „erleben“ sie die Bedeutung von Wörtern. Neben dem konzentrierten Zuhören werden bei diesem Spiel Richtungen und Raumlagen eingeübt.*

Die Spielleitung erzählt:
*Bevor die Vögel im Herbst ihre lange Reise nach Afrika antreten, wo sie überwintern, versammeln sie sich in der Heimat. Oft sieht man ganze Scharen auf Telefondrähten oder Stromleitungen sitzen. Damit die Vögel lernen, dem ersten Zugvogel zu folgen, und gemeinsam im Süden ankommen, üben alle Vögel auf Kommandos zu hören und das geht so:*

„Alle Vögel sammeln sich in der Raummitte!“ *(Die Kinder stehen im Kreis und fassen sich an den Händen.)*
„Alle Vögel drehen sich fliegend im Kreis!“ *(Jeder dreht sich um die eigene Achse und flattert mit den Armen.)*
„Alle Vögel fliegen zu zweit im Raum herum!“ *(Jeweils zwei Partner fassen sich an den Händen und laufen durch den Raum)*
„Alle Vögel sammeln sich in der Raummitte!“
„Alle Vögel fliegen links (rechts) herum!“ *(Die Kinder bilden einen großen Kreis, der sich links [oder rechts] herum dreht.)*
„Alle Vögel fliegen nach hinten zur Tränke!“ *(Die Spielleitung zeigt auf einen bestimmten Platz im Raum.)*
„Alle Vögel sammeln sich in der Raummitte!“
„Alle Vögel sind müde und legen sich flach auf den Boden!“ *(Bauchlage)*
„Alle Vögel fliegen auf die Bank (auf die Matten)!“
„Alle Vögel sammeln sich in der Raummitte!“
*usw.*

## Wir fliegen in den Süden

*Drucktechniken mögen alle Kinder meist sehr gern. Besonders der Hand- oder Fingerdruck ist schon bei den Kleinsten sehr beliebt. Um unliebsames Chaos zu vermeiden, sollten die nötigen Vorbereitungen getroffen werden wie Malerkittel anziehen, Tische und Böden abdecken, Waschgelegenheiten und Lappen vorbereiten. Bei jüngeren Kindern empfiehlt sich anfangs der Handabdruck mit wasserlöslichen Farben, z.B. Fingerfarben. Ideal ist es, bei guter Witterung draußen zu arbeiten. Später können gezielte Abdrücke gesetzt werden. Bei allen Techniken wird die Grob- und Feinmotorik geschult. Die Freude am kreativen Umgang mit Farbe kommt dabei auch nicht zu kurz.*

**Material:** Zeitungspapier als Unterlage, Malerkittel, schwarzer Filzstift, weißes, festes Zeichenpapier, Lineal, bunte Fingerfarben, Lappen

**Vorbereitung:** Zeichnen Sie mit Lineal und schwarzem Filzstift feine Linien für die Stromleitungen auf das Zeichenpapier.

Mit dieser Drucktechnik lassen sich Vögel sehr gut darstellen. So gestaltete Bilder für das Kinderzimmer oder für Gruß- und Einladungskarten wirken sehr dekorativ und sind einfach herzustellen.

- Die Kinder setzen ihre Fingerabdrücke in verschiedenen Farben auf die Linien. Die Fingerkuppen sollten bei jedem Farbwechsel gründlich gereinigt werden.

- Wenn die Abdrücke getrocknet sind, gestalten die Kinder die Vögel weiter aus und zeichnen mit dünnem Filzstift Augen, Schnäbel, Flügel und Schwanzfedern dazu.

## Für das ABC-Buch: Vogel

**Material:** Buchstabenstempel, Stempelkissen, Buntstifte

Mit Buchstabenstempeln drucken die Kinder die Buchstaben „**V**“ und „**v**“ in das ABC-Buch. Dann gestalten sie den Buchstaben mit Buntstiften weiter aus.

## Zungenbrecher

*Vier vertrottelte Vögel vergessen viele Verse.*
*Vierzehn verrückte Vampire verschenken vordere Vampirzähne.*
*Vierzig Verkäufer verkaufen violette Veilchen.*

# Weitere Anregungen

# W – Weihnachten

Weihnachten ist für die meisten Kinder eines der schönsten Ereignisse des Jahres. Voller Vorfreude wird gebastelt, gebacken und das Zimmer dekoriert. Lange, gemütliche Abende können für gemeinsame Spiele und Gespräche genutzt werden. Die Kinder genießen es, wenn sich die Erwachsenen trotz des Trubels Zeit für eine gemütliche Vorweihnachtszeit nehmen. Bei Kerzenschein und Plätzchen Geschichten zu lauschen, zu erzählen, gemeinsam zu spielen, backen oder basteln mögen alle Kinder gern.

## Bescherung

*Unter dem Weihnachtsbaum liegen die Päckchen schon bereit und die Kinder können die Bescherung kaum erwarten. Jedes Geschenk ist mit einem Namensschild versehen.*

Findest du Namen, die mit „**W**“ beginnen?

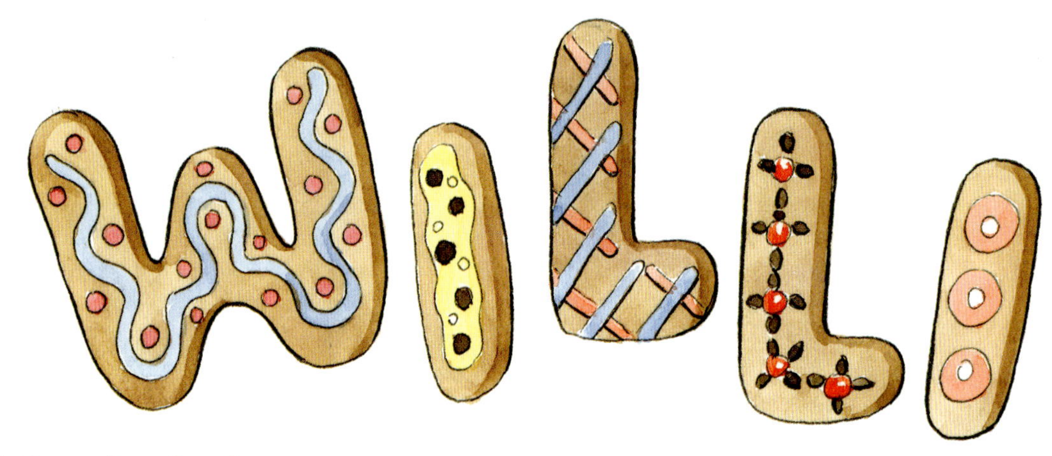

## Weihnachtsbäckerei

*In der Adventszeit werden an vielen Orten Knusperhäuschen oder kleine Männchen aus Hefeteig gebacken. Das plastische Gestalten – auch mit Teig – macht den Kindern sehr viel Freude. Aus dem Teig können neben originellen Figuren auch Buchstaben geformt werden. Diese Buchstaben, mit allen Sinnen gestaltet, ertastet, gesehen, gerochen und geschmeckt, bleiben ganz besonders im Gedächtnis der Kinder haften. Schön verziert entstehen dabei nette Geschenke. Auch als Tischschmuck, jeder bekommt z.B. den Anfangsbuchstaben seines Namens auf den Teller, wirken die leckeren Teile sehr dekorativ.*

**Material** (für ca. 12 Buchstaben, 10 cm groß): 500 g Mehl, 30 g Hefe, ½ l lauwarme Milch, 50 g Zucker, 1 Ei, eine Prise Salz, 1 Eigelb, etwas Butter für das Backblech
**Zum Dekorieren:** 1 Eiweiß, 40 g Puderzucker, Lebensmittelfarbe, Zuckerperlen

- Das Mehl in eine Schüssel geben und in die Mitte eine Vertiefung drücken.
- In dieser Vertiefung die zerbröckelte Hefe mit etwas Zucker und Milch zu einem Vorteig verrühren. Diesen Vorteig zugedeckt etwa 10 Minuten aufgehen lassen.
- Den restlichen Zucker, das Ei, die Milch und das Salz dazugeben, den Teig schlagen und kneten und weitere 15 Min. zugedeckt ruhen lassen.
- Aus dem Teig die Buchstaben oder Männchen formen. Die fertigen Formen und Figuren mit Eigelb bestreichen und auf ein gefettetes Blech legen. Während die Hefefiguren nochmals einige Minuten gehen, den Backofen auf 220 °C vorheizen.
- Auf der mittleren Schiene die Hefeteile etwa 15 bis 20 Minuten backen, je nach Stärke des Teiges.
- Die Buchstaben abkühlen lassen und dann dekorieren. Dazu das Eiweiß mit dem Puderzucker verrühren und nach Belieben mit Lebensmittelfarbe einfärben und aufstreichen.
- Mithilfe dieser Glasur eventuell Zuckerperlen aufkleben.

Gutes Gelingen!

### Hinweis

Lassen Sie die Kinder an Ihren Lese- und Schreibaktivitäten teilhaben, so erfahren sie, dass Lesen und Schreiben ein wichtiger Bestandteil des Alltages sind. Lesen Sie z.B. das Rezept laut vor und folgen Sie dabei mit dem Zeigefinger langsam den Wörtern. So erfährt das Kind ganz nebenher, dass unsere Schrift von links nach rechts verläuft, zwischen den Wörtern Abstände eingehalten werden und dass Buchstaben für Laute stehen. Lesen Sie das Rezept noch einmal vor, auch das ist spannend, denn die Wörter bleiben in ihrer Bedeutung und Reihenfolge immer gleich, egal wie oft der Text gelesen wird.

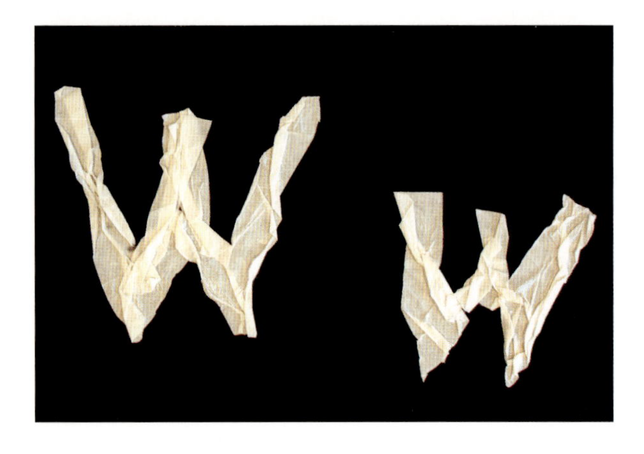

## Für das ABC-Buch: Buchstabengeschenk

*Seidenpapiere findet man oft in Verpackungen, die an Weihnachten auf dem Gabentisch liegen. Wie wäre es, das „**W**“ aus feinen Geschenkpapieren zu formen und in das Buch zu kleben?*

**Material:** Schere, Seidenpapier, Bleistift, Klebestift; evtl. Wolle oder Watte

Den großen Buchstaben auf Seidenpapier zeichnen und ausschneiden. Schreiben Sie das „**W**“ und „**w**“ mit Bleistift etwas kleiner in das ABC-Buch. Das Kind kann den Buchstaben mit Klebestift nachspüren. Jetzt das Seidenpapier auf dieser Klebelinie zerknüllt aufkleben.

### Variante

Jüngere Kinder kleben die Buchstaben in einzeln geschnittenen Streifen fest.

### Hinweis

Auch ein „**W**“ aus Wolle oder Watte bietet sich zum Einkleben in das ABC-Buch an. Vielleicht lassen Sie das Kind den Buchstaben auch einmal in Wachs kratzen – so übten Kinder im Mittelalter das Schreiben mit Griffeln. Diese Wachstafeln wurden anschließend wieder eingeschmolzen und konnten daher immer neu benutzt werden.

## Weihnachtskalender

*Dieser Weihnachtskalender unterscheidet sich von den üblichen. Hier wird nicht täglich ein Türchen geöffnet oder ein Schokoladenstück gegessen. Trotzdem trägt er viel zur Weihnachtsvorfreude bei. Der Kalender gehört allen und lädt zu geselligem, ruhigem Beisammensein in der Adventszeit ein. Es ist ein „Erzähl-Kalender", der zum Sprechen und zur gemeinsamen Unterhaltung anregt. Die Besinnlichkeit, das Zuhören und die Ruhe werden alle Beteiligten sicher genießen.*

**Material:** 1 Schuhschachtel, 1 Kerze, 24 Gegenstände, die in Zusammenhang mit Weihnachten stehen
**Vorbereitung:** Die Schuhschachtel bemalen oder mit Geschenkpapier dekorieren.

- Jedes Kind sucht sich Dinge, die in Zusammenhang mit Weihnachten stehen, und legt sie in den Karton. Je nach Anzahl der Beteiligten werden von jedem Beteiligten gleich viele Sachen ausgesucht, bis 24 Gegenstände beisammen sind!
- Jeden Tag um dieselbe Zeit treffen sich alle und zünden eine Kerze an.
- Ein Gegenstand wird herausgezogen und derjenige, der das Stück mitgebracht hat, erzählt eine Geschichte dazu. Diese Geschichte kann ausgedacht oder erlebt sein. Jeden Tag ist ein anderer „Erzähler" an der Reihe.

# Spiele zur Weihnachtszeit

*An langen Winterabenden, wenn es draußen kalt und nass ist, gibt es nichts Schöneres, als gemütlich in der warmen Stube zu sitzen und gemeinsam zu spielen. Die folgenden Spiele können ohne viel Vorbereitungszeit und Aufwand umgesetzt werden.*

## Gedächtnisspiel

**Material:** Nüsse, Nussknacker, Strohsterne, Kerze, Tannenzweig, Orange, Engel, Christbaumkugel, Plätzchen, Geschenkband etc., Tuch, Papier und Stifte

- Alle Gegenstände auf den Tisch legen. Die Mitspieler prägen sich die einzelnen Teile ein.
- Nach etwa einer Minute mit dem Tuch alles abdecken.
- Alle Mitspieler bekommen fünf Minuten Zeit, alle Dinge, die sie sich merken konnten, auf ein Blatt Papier zu zeichnen oder aufzuschreiben.
- Gewonnen hat der Spieler, der sich an die meisten Gegenstände erinnern konnte.

### Tipp

Variieren Sie den Schwierigkeitsgrad des Spieles je nach Alter und Wissen der Kinder. Beginnen Sie mit wenigen Gegenständen, die alle aus dem direkten Erfahrungsfeld der Kinder stammen. Erst später wird die Anzahl erhöht und fremde Dinge kommen dazu, die erklärt, ausprobiert und mehrfach benannt werden.

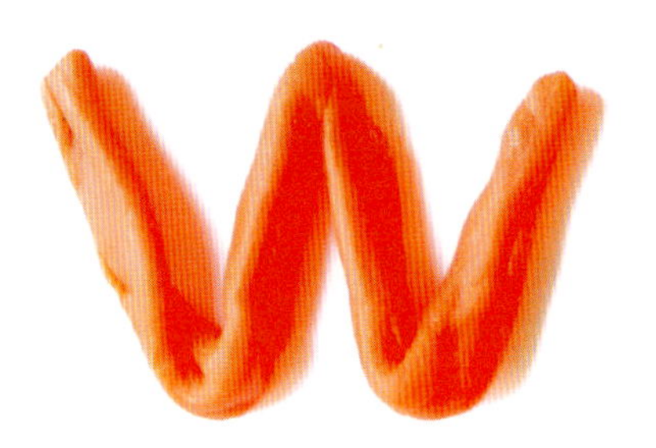

## Sterne, Engel, Tannenbaum

**Material:** Pappschachtel, Papierreste, Stifte

- Jedes Kind zeichnet auf ein Stück Papier jeweils ein Weihnachtsmotiv, z.B. Sterne, Engel, Nikolaus, Christbaum, Kerzen, Nikolausschuh, Weihnachtsplätzchen, Weihnachtsgeschenk, Krippe, Nüsse, Tannenzapfen, Christbaumschmuck, Glocken oder Mandeln.
- Alle Zettel werden in der Pappschachtel gesammelt.
- Nacheinander zieht jeder Mitspieler mit geschlossenen Augen ein Motiv aus der Schachtel.
- Passend zu der Zeichnung dürfen sich alle MitspielerInnen eine kleine Geschichte oder ein Gedicht ausdenken und den anderen erzählen.

## Wortdetektive

*Bei diesem Spiel werden neben den Anlauten (erster Laut des Wortes) vor allem auch die Endlaute (letzter Laut des Wortes) erkundet. Achten Sie darauf, besonders deutlich zu sprechen und nicht zu buchstabieren, also z.B. „**W**" (nicht „**WE**")!*

**Material:** Abbildungen, Zeichnungen oder Fotos von Gegenständen, Tieren usw. mit dem Anfangsbuchstaben „**W**" (z.B. *Wurst, Waffeln, Wagen, Wolf, Wurm, Walross, Walnuss, Walze, Wimper, Welle, Winter, Wolle, Welt, Wecker*)

Alle Abbildungen mit dem „Gesicht" nach oben auf den Tisch legen. Das erste Kind beginnt, indem es sagt: „Ich sehe etwas auf dem Tisch, das beginnt mit „**W**" und endet mit „**f**"! Wer errät es?" (Wolf)

### Varianten

- Anzahl der Abbildungen je nach Alter und Wissensstand dosiert anbieten
- Kinder sprechen die Laute selbst aus und lassen die anderen MitspielerInnen raten
- Spiel auf Gegenstände, Tiere ... auch außerhalb des Raumes ausweiten
- andere Anlaute aus dem Alphabet hinzunehmen

### Hinweis

Für phonetische Spiele (Phonetik = Lautlehre) dieser Art sollten Sie sich sehr viel Zeit mit den Kindern nehmen, da genaues Hören und das Zerlegen eines Wortes in einzelne Laute wichtige Voraussetzungen für den späteren Lese- und Schreiblernprozess sind. Regen Sie die Kinder auch dazu an, vor dem Spiegel Laute deutlich auszusprechen und dabei ihre Mundstellung genau zu beobachten!

## Zungenbrecher

*Weil Walter weiße Weihnachten will, wartet Walter wieder wann Wetterprognosen weitergesagt werden.*
*Wenn Werner weiche Wollsocken wäscht, will Werner warmes Wasser.*

# Weitere Anregungen

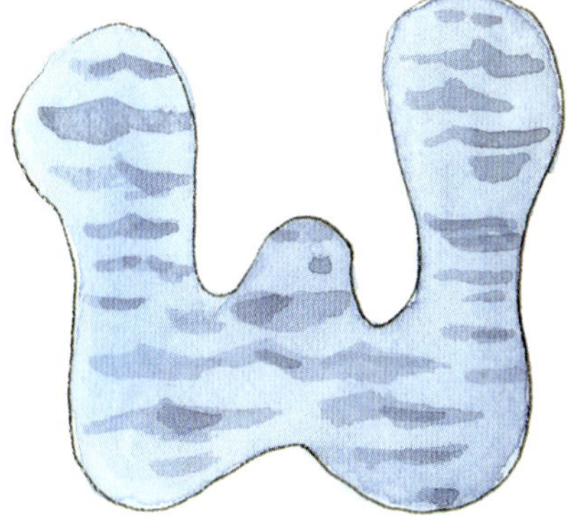

# X - Xselsia

*Planeten sind Himmelskörper, die keine eigene Leuchtkraft besitzen und die Sonne umkreisen. Zu diesen Planeten zählen neben unserer Erde noch sieben weitere Himmelskörper: Merkur, Venus, Mars, Jupiter, Saturn, Uranus und Neptun sind ihre Namen. Da diese Planeten viele tausend Kilometer von uns entfernt liegen, wissen die meisten Menschen nicht allzu viel von ihnen. Es ist auch bisher noch kein Planet entdeckt worden, auf dem Lebewesen wie auf der Erde zu finden sind. Aber wer weiß, vielleicht entdecken die Menschen einmal einen Planeten wie Xselsia, dessen friedliche Bewohner sich ihre Zeit mit lustigen Spielen und Rätseln vertreiben?*

### Tipp

*Es gibt eine Eselsbrücke, mit der man sich die richtige Reihenfolge der Planeten von der Sonne aus gesehen gut merken kann:*

*Mein ⇛ Merkur*
*Vater ⇛ Venus*
*erklärt ⇛ Erde*
*mir ⇛ Mars*
*jeden ⇛ Jupiter*
*Sonntag ⇛ Saturn*
*unseren ⇛ Uranus*
*Nacht-himmel ⇛ Neptun*

## Die Buchstabenrakete

*Die Bewohner von Xselsia können sich wegen der großen Entfernungen auf ihrem Planeten nicht ständig besuchen. Deswegen haben sie eine Methode erdacht, um sich Neuigkeiten schnell mitteilen zu können. Sie schießen eine Rakete in den Himmel, die für alle Bewohner gut sichtbar an ihrem höchsten Punkt Buchstaben ausspuckt. Damit aber keine Fremden diese Informationen lesen können, verschlüsseln sie ihre Botschaften.*

**Material:** Papier, Bleistift

Ausgerüstet mit Papier und Bleistift sitzen alle Mitspieler um einen Tisch herum. Die Spielleitung erzählt von den Außerirdischen des Planeten Xselsia, die im Weltall umherfliegen und sich verschlüsselte Botschaften zuschicken. Ab und zu gelangt auch eine solche Nachricht auf die Erde. Es können aber nur die Anfangsbuchstaben der Worte aufgeschnappt werden. Die letzte verschlüsselte Nachricht lautete: **A, D, E, S, W, A, W.**
Jeder Mitspieler soll innerhalb von zwei Minuten aus diesen Anfangsbuchstaben eine sinnvolle Botschaft zusammenstellen. Wer zuerst die Nachricht „entschlüsselt" hat, ruft „Halt!" und liest anschließend seine Nachricht vor.
Agnes hat z.B. folgenden Satz gefunden:

*Auf Der Erde Sind Wir Außerirdischen Willkommen.*

Agnes bekommt dafür in dieser Spielrunde einen Punkt. Wer kann die meisten Nachrichten entschlüsseln?

### Variante

Jeder Mitspieler nennt in der jeweiligen Spielrunde einen Buchstaben. Bei nur zwei, drei oder vier SpielerInnen können es auch mehrere Buchstaben sein. Nach Ablauf der vorgegebenen Zeit stellt jeder seinen entschlüsselten Satz den anderen vor. Der beste und originellste Satz wird von der Spielleitung und allen Mitspielern gewählt.

## Märchen-Ratespiel

*Alle Kinder auf Xselsia kennen Märchen und lieben sie. Besonders vor dem Schlafengehen erzählen die Bewohner von Xselsia ihren Kindern gerne noch eine Geschichte. Beim genaueren Hinhören kann man feststellen, dass die Geschichten auf dem Planeten Xselsia denen auf der Erde sehr ähnlich sind. Mit welchen irdischen Märchen stimmen die auf Xselsia erzählten Geschichten überein?*

Der Spielleiter teilt zunächst die Spielgruppen ein. Er verfälscht bekannte Märchennamen, die die Spielgruppen trotzdem erkennen und benennen sollen.
Diejenige Mannschaft, die zuerst den richtigen Titel des Märchens nennt, bekommt 5 Punkte.

Für jede Hilfestellung der Spielleitung (Annäherung an den richtigen Namen z.B. bei Rotkäppchen und der Wolf: Blaumützchen und der Fuchs – Blaukäppchen und der Fuchs – Rotkäppchen und der Fuchs) wird dem richtig antwortenden Team ein Punkt weniger angerechnet. Nennt die Mannschaft einen falschen Namen, werden zwei Punkte abgezogen. Die Verfremdung des Märchennamens hängt natürlich vom Alter der Spielgruppe ab.

### Beispiele für das Märchen-Ratespiel

- *Der Wolf und die vierzehn Rehe* (Der Wolf und die sieben Geißlein)
- *Blaumützchen und der Wolf* (Rotkäppchen und der Wolf)
- *Stachliges Veilchen* (Dornröschen)
- *Fritz im Pech* (Hans im Glück)
- *Die Hamburger Musikkapelle* (Die Bremer Stadtmusikanten)
- *Hans und Annegret* (Hänsel und Gretel)
- *Der ängstliche Schuster* (Das tapfere Schneiderlein)
- *Das Regenlieschen und die sieben Riesen* (Schneewittchen und die sieben Zwerge)

Welche Mannschaft erreicht zuerst 30 Punkte?

### Variante

Die Spielleitung liest Auszüge aus einem bekannten Märchen vor. Die Gruppe, die zuerst dieses Märchen erkennt, bekommt fünf Punkte. Falsche Antworten führen jeweils zu einem Punktabzug.
Welche Mannschaft erreicht zuerst 30 Punkte?

## Tiere auf Xselsia

*Auf Xselsia wohnen natürlich auch Tiere! Dort haben sie zwar andere Namen, aber wer aufmerksam hinschaut, kann Ähnlichkeiten mit Tieren auf der Erde finden.*

**Material:** Tierbücher, Zeichenblatt, Buntstifte oder Filzstifte

Betrachten Sie zusammen mit den Kindern Tierbücher: Welche Beine hat ein Büffel? Welchen Hals eine Giraffe? Wie sieht der Bauch eines Zebras aus? Alle Körperteile gemischt könnte eine „Xebraffel" ergeben oder eine Xselsaschlahante, einen Xsesel oder einen Xselsafant.

## Für das ABC-Buch: Bewohner von Xselsia

**Material:** Tonpapierreste, Glitzerpapier, Schere, Kleber, Stifte

Jedes Kind darf seine eigene Weltraumfigur gestalten, indem es alle Einzelteile wie Kopf, Bauch, Arme, Beine usw. aus verschiedenen Papieren ausschneidet, im ABC-Buch anordnet und aufklebt. Da der Buchstabe **„X"** ein besonderes Merkmal der Bewohner von Xselsia ist, wird die Figur weiter damit ausgestaltet, indem z. B. Knöpfe oder Augen mit dem Filzstift als **„X"** gezeichnet werden.

# Weitere Anregungen

# Y – Yeti

*Der Yeti ist ein sagenumwobenes Wesen, um das sich viele Geschichten ranken. Dabei wird er in manchen Erzählungen als sehr scheuer und liebenswerter Geselle, in anderen als Furcht einflößender und rauer Bursche dargestellt, der den Wanderern in den Bergen auflauert und sie mit lautem Gebrüll erschreckt. Die Menschen, die den Yeti gesehen haben wollen, erzählen auch Unterschiedliches über sein Aussehen. Auch die angeblichen Yetispuren, die entdeckt wurden, unterscheiden sich in Größe und Form. Auf jeden Fall beflügelt dieses Fabelwesen die Fantasie der Menschen.*

## Wie sieht der Yeti aus?

**Material:** Malsachen

Kinder stellen sich den Yeti ganz unterschiedlich vor: mit großen Füßen oder Händen, sehr haarig am Körper und im Gesicht, mit zotteligem Fell oder großen Ohren. Ob er einen Bart hat? Schaut er einem Affen ähnlich? All das sind Fragen, die auch Kinder beschäftigen, wenn sie Geschichten über den Yeti hören. Diese scheuen, lustigen, traurigen oder wilden Gesellen zu Papier zu bringen, macht den Kindern sehr viel Spaß.

### Hinweis

Spontaneität, Kreativität, Freude und Experimentierdrang der Kinder kann durch Malspiele sehr unterstützt werden. Zudem erlernen Kinder im Umgang mit Farbstiften, Kreiden und Pinseln gezielte Bewegungsabläufe zu steuern und zu koordinieren.

## Personen raten

**Material:** evtl. Fotos oder Abbildungen von Menschen

Die Kinder sitzen im Kreis. Ein Kind beginnt einen anderen Mitspieler zu beschreiben, ohne dessen Namen zu nennen. Dabei werden folgende Fragen gestellt und beantwortet:

- Welche Haarfarbe und Frisur trägt diese Person? (Blond, hellbraun, dunkelbraun, rötlich, schwarz, lange Haare, Zöpfe, Pferdeschwanz, Locken oder Bürstenschnitt)
- Welche Augenfarbe hat sie? (Blau, Blaugrün, Grün, Grau oder Braun)
- Ist die Person groß, klein, schlank oder sogar dünn?
- Trägt das Kind eine Brille?
- Hat es Sommersprossen oder ein Muttermal?
- Wie sieht die Kleidung aus?
- Hat die Person gemusterte oder einfarbige Kleidung an? Karos, Streifen oder geblümte Muster?

Wer den Mitspieler errät, darf das nächste Kind beschreiben.
Unterstützen Sie die Kinder mit gezielten Fragen und ermuntern Sie sie, genau hinzusehen und viele Einzelheiten zu beschreiben, ohne die wichtigsten Merkmale sofort preiszugeben, um das Ratespiel spannender zu gestalten.

### Tipp

Bei einer geringen Anzahl von Mitspielern können Fotos oder Abbildungen von Menschen verwendet werden.

### Variante

Sie legen ein bis zwei Bilder von Personen auf den Tisch. Alle Mitspieler haben ein paar Minuten Zeit, sich die Merkmale einzuprägen. Die Bilder verschwinden und dann wird gefragt: Wer kann sich an welche Einzelheiten erinnern?

## Buchstabenschnipsel (Spiel)

*Ist der Yeti ein Fabelwesen oder gibt es diesen Schneemenschen wirklich? Einige wollen ihn schon gesehen haben, hoch oben im Himalajagebirge. Dort gibt es die höchsten Berge der Welt. Der Yeti ist allerdings ziemlich scheu und vermeidet jeden Kontakt zum Menschen. So wissen wir eigentlich nicht viel über ihn und können, wenn es ihn denn wirklich geben sollte, nur Vermutungen über seine Lebensgewohnheiten anstellen.*

**Material:** alte Zeitungen und Illustrierte, Schere, Papier (DIN A4)

Die Spielleitung teilt die MitspielerInnen in Gruppen ein und stellt jeder Mannschaft alte Zeitungen und Illustrierte, eine Schere, ein leeres Blatt Papier (DIN A4) und Klebstoff zur Verfügung. Sie erzählt den Kindern vom Yeti, einem Wesen halb Mensch, halb Tier, und gibt den Spielgruppen z. B. einen der folgenden Sätze vor:

- *Der Yeti ist sehr stark, doch scheu,*
  *er frisst am liebsten frisches Heu.*
- *Der Yeti mag sich über Kälte nicht beklagen,*
  *sein dickes Fell schützt ihn an kalten Tagen.*
- *Der Yeti ist größer als eine Kuh*
  *und seine Füße passen in keine Schuh'.*

Die Aufgabe für jede Mannschaft besteht darin, innerhalb einer vorgegebenen Zeit (z. B. 10 Minuten) diesen Satz buchstaben- oder wortweise aus dem vorhandenen Zeitungsmaterial auszuschneiden und auf das leere Blatt Papier zu kleben. Große Buchstaben oder Wörter aus Überschriften eignen sich besonders gut dafür. Wer aufmerksam liest, findet in seinen Zeitungen oder Illustrierten oft schon ganze Wörter, die er für diesen Satz verwenden kann und spart somit viel Zeit. Welche Mannschaft hat in der vorgegebenen Zeit ihre Aufgabe zuerst erfüllt? Geschwindigkeit ist aber nicht alles! Die Spielleitung bewertet auch, ob die Buchstaben schön ausgeschnitten und aufgeklebt werden.

### Hinweis

Für jüngere Kinder, die noch nicht lesen können, wird die Aufgabenstellung angepasst, z.B.:

- einzelne Buchstaben suchen, ausschneiden und aufkleben lassen
- bestimmte Abbildungen, Fotos oder Zeichnungen suchen lassen oder
- Wörter mit einem zuvor ausgesuchten Buchstaben ausschneiden lassen.

In altersgemischten Gruppen helfen sich die Kinder gegenseitig.

## Für das ABC-Buch: Nachspuren

**Material:** Wachsmalkreiden oder dicke Buntstifte in verschiedenen Farben

Schreiben Sie dem Kind das **„Y“** und das **„y“** großflächig in das ABC-Buch. Benutzen Sie ruhig jeweils eine ganze Seite.
Nun darf das Kind mit vielen unterschiedlichen Farben die Buchstaben nachfahren, damit sie schön bunt werden und sich einprägen. Achten Sie darauf, dass die Schreibrichtung eingehalten wird (→ S. 8). Wer möchte, kann Bilder dazu zeichnen oder passende Abbildungen aus Illustrierten ausschneiden und dazukleben.

## Wo versteckt sich das kleine „y“?

*Benutzen Sie zusammen mit den Kindern ruhig einmal ein Wörterlexikon. Dabei erleben die Kinder den Umgang mit Nachschlagewerken und Sie werden überrascht sein, wie viele passende Begriffe sie finden!*

**Material:** Kinderlexikon, Wörterbuch, andere Nachschlagewerke

Schlagen Sie die entsprechende Seite im Wörterbuch auf und geben Sie wenn nötig Hilfestellung, indem Sie mit dem Finger auf das Wort zeigen und deutlich vorlesen. Beispiele aus dem Wörterbuch: Pyramide, Zylinder, Pyjama, Ägypten, Styropor, Pony, Party, Papyrus, Baby.
Wer hört das „**y**“ oder erkennt sogar schon den Buchstaben?

### Tipp

Sie können die Kinder unterstützen, indem Sie ein Kinderlexikon mit übersichtlicher Einteilung und großer Schrift wählen.

# Begegnung mit dem Yeti

*Fingerspiele begeistern besonders die Kleinen. Voller Spannung verfolgen sie das Geschehen. Durch diese Spiele werden die Merkfähigkeit und die Konzentration der Kinder verbessert. Spielerisch erweitern sie ihren Wortschatz und schulen ihr Sprachvermögen. Die Figuren zum folgenden Fingerspiel können von den Kindern selbst hergestellt werden.*

## Herstellung des Bergsteigers

**Material:** ausgedienter Wollhandschuh, bunte Wollreste, Nadel

- Mit Wollresten in verschiedenen Brauntönen die Haare der Spielfiguren gestalten. Dazu die Wolle durch die Fingerspitzen des Handschuhs ziehen, verknoten und auf die passende Länge zurechtschneiden.
- Unterschiedliche Figuren aus Wolle können Sie gestalten, indem Sie die Wollreste an einem Finger des Handschuhs eng und fest annähen und an anderen die Wollschlingen locker stehen lassen.
- Mit bunten Wollresten die Gesichter aufsticken und den Bart in verschiedenen Formen passend zur Haarfarbe aufnähen.

## Herstellung des Yeti

**Material:** 2 gleich große Webpelzstücke (jedes mindestens 6 × 12 cm), Nadel und Faden, Glasaugen oder Perlen, Plastiknase oder Knopf, Lederreste, Klebstoff

- Die Webpelzteile von links so zusammennähen, dass unten eine Öffnung für die Finger bleibt.
- Den Stoff wenden.
- Die Glasaugen oder Perlen als Augen festnähen oder ankleben. Eine im Fachhandel erhältliche Plastiknase nur ankleben, wobei ein Knopf diesen Zweck ebenso erfüllt.
- Zum Schluss die Ohren aus Lederresten zuschneiden und am Kopf festkleben.

## Fingerpuppenspiel

*Fünf Bergsteiger erklommen einen Berg im Nu*
*Und machten am Gipfel Rast in aller Ruh.*
*Sie brachten sich Essen und Trinken mit von Zuhaus',*
*als plötzlich der Kleinste rief: „Schaut einmal her, oh Graus!"*
*Denn der Yeti saß dort oben und blickte ganz keck,*
*die Männer bekamen einen großen Schreck.*
*Sie rannten ins Tal, so schnell wie noch nie,*
*ihre Brotzeit am Berg, die vergaßen sie.*
*Der Yeti aber sagte: „Wie nett die doch sind,*
*sie bringen mir Essen und Trinken geschwind!"*

**Regieanweisung**

Die Bergsteiger in die eine, den Yeti in die andere Hand nehmen. Die Bergsteiger klettern vorne am Körper entlang auf den Kopf zu. Der Yeti in der anderen Hand wird hinter dem Kopf gehalten und erst bei dem Satz: „Schaut einmal her, oh Graus!" vorgezeigt. Danach wird die Bergsteigerhand schnell nach unten geführt und hinter dem Rücken versteckt.

## Weitere Anregungen

# Z – Zirkus

*Ein Zirkus, der mit Akrobaten, Clowns, großen und kleinen Tieren von einem Ort zum anderen zieht, fasziniert vor allem die kleinsten Zuschauer. Gebannt blicken die Kinder in die Manege und beklatschen lustige, originelle und spannende Darbietungen der Zauberkünstler. Ihre Lieblinge sind meistens die Clowns, die dem Zirkusdirektor immer wieder lustige und freche Streiche spielen und die Zuschauer zum Lachen bringen. Staunend betrachten sie aber auch Elefanten, gefährliche Tiger, die, fast zum Greifen nah, in der Manege ihre Kunststücke vollbringen.*

## Die Zirkusfamilie Zerverado

Erzählen Sie den Kindern von der Zirkusfamilie:
Endlich ist es so weit! Große Plakate, die in der Stadt aufgehängt werden, verkünden, dass der Zirkus Zerverado wieder einmal ein Gastspiel in der Stadt gibt. Erwachsene und Kinder laufen zum Festplatz, um die bunten Zirkuswagen, die exotischen Tiere und vor allem die lustigen Clowns zu sehen. Aufgeregt warten die Zuschauer auf den Auftritt der weltberühmten Artistenfamilie Zerverado, der Clowns, der Seiltänzer und der Dompteure, die mit ihren wilden Tieren tolle Kunststücke vorführen.

## Buchstabenrennen der Zirkustiere

Alle Zirkustiere stehen nebeneinander in einer Reihe mit ihrem Dompteur. Der Zirkusdirektor steht ein Stück entfernt und nennt einen Buchstaben, z.B. das „**Z**“. Alle Mitspieler suchen der Reihe nach ein Wort mit diesem Anfangsbuchstaben: „Zebra“, „Zeisig“, „Zaumzeug“ usw.
Jeder Spieler, der ein Wort zu dem Buchstaben weiß, darf einen Schritt vorwärts gehen.
Wer gewinnt das Buchstabenrennen?

## ABC-Sortierspiel

**Material:** versch. Gegenstände (Puppen, Bälle, Stifte usw.); evtl. Buchstabenkarten, Zeitungen, Scheren

Der Zirkusdirektor will seinen Zuschauern zeigen, wie klug seine dressierten Affen sind. Dazu sucht er sich aus der Gruppe Kinder aus, die dieses Spiel zuerst spielen dürfen. Dann legt er viele Gegenstände in die Mitte der Arena: Puppen, Bälle, Stifte usw.
Die Kinder nennen abwechselnd einen Buchstaben und die Tiere bringen den Gegenstand, der mit diesem Anfangsbuchstaben beginnt. So werden die Dinge nach dem ABC sortiert, anschließend wieder vermischt und das Spiel kann von Neuem beginnen.

### Variante

- Buchstabenkarten an die Kinder verteilen; ein Kind sortiert die Gegenstände dazu
- die Kinder halten die Gegenstände (z.B. Puppe) in der Hand, ein Kind verteilt die passenden Buchstabenkarten („**P**")
- die Kinder sortieren Groß- und Kleinbuchstaben
- Buchstaben in Zeitungen suchen, einkreisen, ausschneiden und in beschrifteten Schachteln für spätere Collagen sammeln lassen

## Zerverados Schimpfwörter

*Unser Zirkusdirektor hat viel Temperament und kann fürchterlich schimpfen, wenn etwas nicht sofort klappt. Die Clowns in der Gruppe kennen das schon und regen sich nicht mehr auf. Im Gegenteil, mittlerweile sammeln sie alle Schimpfwörter und lustigen Sätze, die der Direktor schon gesagt hat:*

- zerzauster Zottelbär
- zimperliche Zickenliese
- zahnloser Ziegenkopf
- zittriges Zyklonenauge
- zuckendes Zebraohr

Wer kennt noch mehr?

## Achte auf das „Z"!

**Material:** pro Kind 1 „**Z**" (aufgemalt oder ausgeschnitten auf Plakatkarton)

Geben Sie den Kindern den Buchstaben „**Z**", aufgemalt oder ausgeschnitten auf Plakatkarton, in die Hand. Immer, wenn sie den Buchstaben „**Z**" hören, dürfen die Kinder ihr Plakat hochhalten.

*Die kleine Ziege Zita meckert weinerlich vor sich hin: „Oh, mir tut mein Zahn so weh!" Zirkusdirektor Zerverado, der gerade an Zitas Stall vorbeiläuft, hört ihr Zetern.*
*„Aber Zita, was ist denn los? Wenn du krank bist, muss ich deine Zirkusnummer für heute Abend absagen!"*
*Die kleine Ziege Zita erzählt dem Zirkusdirektor von ihren großen Zahnschmerzen, worauf Zerverado sofort mit Zita zum Zahnarzt geht.*
*Die beiden warten eine lange Zeit, bis endlich Zahnarzt Zausel Zita ins Behandlungszimmer bittet.*
*Ohne zu zögern betritt Zita das Zimmer und nimmt auf dem Zahnarztstuhl Platz. Zahnarzt Zausel sieht sich den Zahn genau an: „Du hast wohl zu viel Zucker gegessen, Zita? Dieser Zahn ist leider nicht mehr zu retten!" Zausel holt die Zange und zieht mit einem Ruck den kaputten Zahn heraus. Zita zuckt kurz zusammen und will gerade zornig meckern, als sie bemerkt, dass ihre Zahnschmerzen wie weggezaubert sind. Zita bedankt sich bei Zahnarzt Zausel und zuckelt zufrieden mit Zirkusdirektor Zerverado zurück zum Zirkus.*

Den ganzen Heimweg erzählt Zerverado der armen Zita, wie viele Redewendungen es allein zum Thema Zähne gibt! Wer kennt sie und kann diese Redewendungen erklären?

- jemandem auf den Zahn fühlen (jemanden vorsichtig aushorchen)
- die Zähne zusammenbeißen (tapfer sein)
- einen Zahn drauf haben (schnell sein)
- jemandem den Zahn ziehen (jemandem Wunschvorstellungen nehmen)
- auf dem Zahnfleisch daherkommen (körperlich erschöpft sein, wirtschaftlich darniederliegen)

## Für das ABC-Buch: Das Zeitungszett

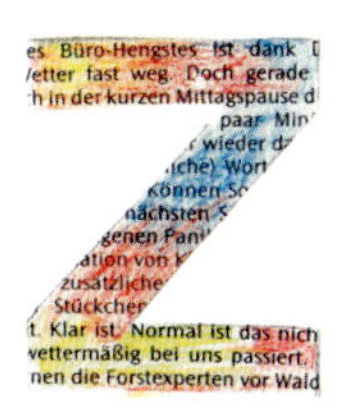

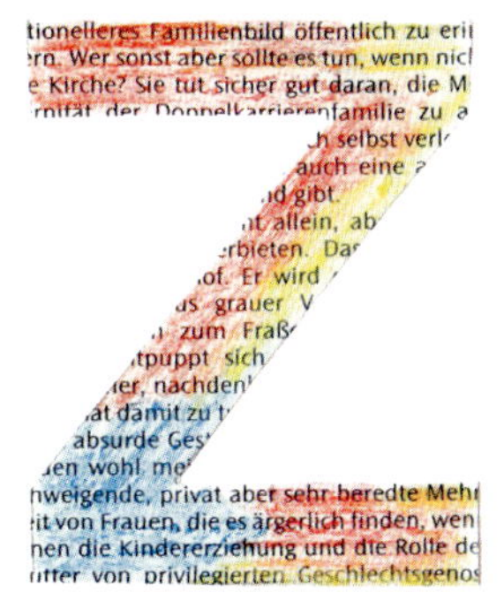

**Material:** Zeitungen, schwarzer Stift, Schere, Klebstoff, Farbstifte

Schreiben Sie ein „**Z**" und „**z**" in großen Umrissen auf eine Zeitung. Das Kind schneidet den Buchstaben aus und klebt ihn in das ABC-Buch. Wer möchte, kann den Buchstaben noch mit Farbstiften ausmalen.

## Zerverados Zungenbrecher

*Zwei zahme Zirkuspferde zwinkern zwei Zwillingen zu.*
*Zauberer Zerverado zaubert zehn Zitronen.*
*Zwölf zottelige Zebras zuckeln zufrieden zum Zirkus.*
*Zwei zänkische Zwerge zwicken zweiundzwanzig zornige Ziegen.*
*Zwölf zornige Zauberer zanken sich um zwei Zitronenbäumchen.*
*Zwischen zwei Zwiebelschalen zwirbeln zornige Zwerge zwanzig Zwetschgenblätter.*
*Zaudernde Zauberer zaubern zwei zwitschernde Zaunkönige.*

# Weitere Anregungen

# Anhang

## Register

# Literaturverzeichnis


- Balhorn, Heiko / Brügelmann, Hans (Hrsg.), Rätsel des Schriftspracherwerbes, Libelle Verlag, Lengwil am Bodensee 1995
- Brügelmann, Hans (Hrsg.), Kinder lernen anders, Libelle Verlag, Lengwil am Bodensee 1998
- Friebel, Volker / Kunz, Marianne, Rhythmus, Klang und Reim, Ökotopia Verlag, Münster 2005
- Gärtner, Hans, Spaß an Büchern! – Wie Kinder Leselust bekommen, Don Bosco Verlag, München 1997
- Krumbach, Monika, Das Sprachspiele-Buch, Ökotopia Verlag, Münster 2004
- Rademacher, Jens, Gestalten mit Schrift, Ravensburger Verlag 1994
- Tenta, Heike, Schrift und Zeichenforscher, Don Bosco Verlag, München 2002


# Die AutorInnen

**Heike Tenta**, Jahrgang 1961, lebt zusammen mit ihrem Mann Werner Tenta und zwei Kindern in Bayern. Sie ist Erzieherin, Lehrerin und Montessori-Pädagogin mit langjähriger Berufserfahrung an einer Montessori-Schule. Zur Zeit arbeitet sie als Dozentin an Fachschulen, in der Erwachsenenbildung und als freiberufliche Fachbuchautorin.

**Werner Tenta**, Jahrgang 1959, ist Lehrer an einem bayerischen Gymnasium. Seit vielen Jahren betreut er im musisch-kreativen Bereich Kindergruppen und gibt seine Erfahrungen in zahlreichen Publikationen für Kinder und Erwachsene weiter.

# Die Illustratorin

**Kasia Sander**, geboren 1964 in Gdynia (Polen), studierte an der Danziger Kunstakademie und machte 1993 ihr Diplom an der Fachhochschule für Design in Münster. Seitdem illustriert die Grafikdesignerin Bücher für diverse Verlage (Arena, Ökotopia, Schneider u.a.) und arbeitet seit 2000 als Karikaturistin für die *Recklinghauser Zeitung*. Darüber hinaus leitet sie Workshops in Ölmalerei und Zeichnung. Kasia Sander hat ihre Werke mehrfach in Gemeinschafts- wie Einzelausstellungen präsentiert.

Der Fachverlag für gruppen- und spielpädagogische Materialien

Spiele in Gruppen, Lernspiele, Kooperative Spiele, Spiele in Gruppen, Bewegungsspiele, Brettspiele

# Ökotopia Verlag und Versand

Fordern Sie unser kostenloses Programm an:


**Ökotopia Verlag**
Hafenweg 26a · D-48155 Münster
Tel.: (02 51) 48 19 80 · Fax: 4 81 98 29
E-Mail: info@oekotopia-verlag.de


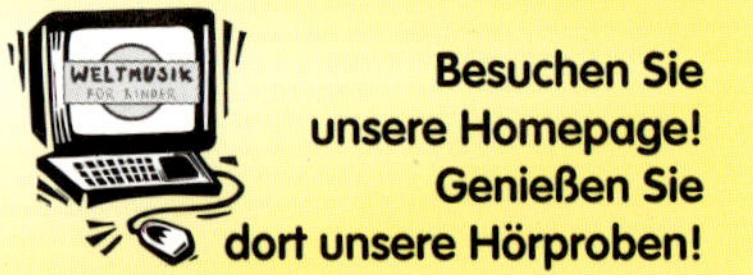


**Besuchen Sie unsere Homepage! Genießen Sie dort unsere Hörproben!**

**http://www.oekotopia-verlag.de und www.weltmusik-fuer-kinder.de**

# Sprachförderung

Elke Schlösser

## Wir verstehen uns gut

Spielerisch Deutsch lernen – Methoden und Bausteine zur Sprachförderung für deutsche und zugewanderte Kinder als Integrationsbeitrag in Kindergarten und Grundschule

ISBN (Buch) 978-3-931902-76-6

...dazu der Tonträger:

## Wir verstehen uns gut

Lieder zur Sprachförderung

Die CD bietet allen, die in der Sprachförderung tätig sind, eine qualitativ hochwertige Auswahl von Liedern zur Sprachförderung.

ISBN (CD) 978-3-86702-018-3

Monika Krumbach

## Das Sprachspiele-Buch

Kreative Aktivitäten rund um Wortschatz, Aussprache, Hörverständnis und Ausdrucksfähigkeit

ISBN 978-3-936286-44-1

Conny Frühauf, Christine Werner

## Hört mal, was da klingt!

Spielerische Aktionen mit Geräuschen, Klängen, Stimme und Musik zur Förderung des Hörsinns

ISBN 978-3-86702-005-3

Wolfgang Hering

## Kunterbunte Fingerspiele

Fantastisch viele Spielverse und Bewegungslieder für Finger und Hände

ISBN (Buch) 978-3-936286-98-4
ISBN (CD) 978-3-936286-99-1

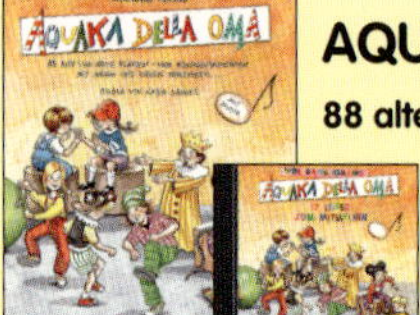

Wolfgang Hering

## AQUAKA DELLA OMA

88 alte und neue Klatsch- und Klanggeschichten mit Musik und vielen Spielideen

ISBN (Buch) 978-3-931902-30-8
ISBN (CD) 978-3-931902-31-5

Brigitte Schanz-Hering

## Englische Bewegungshits

Die englische Sprache mit Spiel, Rhythmus, Musik und Bewegung erleben und vermitteln

Mit Liedern von Wolfgang Hering

ISBN 978-3-936286-50-2
und dazu die Tonträger:
ISBN (CD) 978-3-936286-51-9
ISBN (Playback-CD) 978-3-936286-52-6

Monika Rosenbaum

## Pickadill & Poppadom

Kinder erleben Kultur und Sprache Großbritanniens in Spielen, Bastelaktionen, Liedern, Reimen und Geschichten

ISBN 978-3-936286-11-3
und dazu der Tonträger von Pit Budde
ISBN 978-3-936286-12-0

Volker Friebel, Marianne Kunz

## Rhythmus, Klang und Reim

Lebendige Sprachförderung mit Liedern, Reimen und Spielen in Kindergarten, Grundschule und Elternhaus

ISBN (Buch) 978-3-936286-61-8
und dazu der Tonträger
ISBN (CD) 978-3-936286-62-5

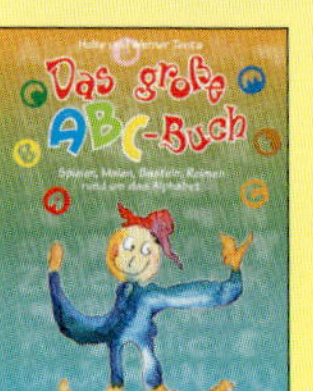

Heike und Werner Tenta

## Das große ABC-Buch

Malen, Spielen, Basteln, Reimen rund um das Alphabet

ISBN 978-3-86702-043-5

H.E. Höfele, S. Steffe

## In 80 Tönen um die Welt

Eine musikalisch-multikulturelle Erlebnisreise für Kinder mit Liedern, Tänzen, Spielen, Basteleien und Geschichten

ISBN (Buch): 978-3-931902-61-2
ISBN (CD): 978-3-931902-62-9

Hartmut E. Höfele, Susanne Steffe

## Europa in 80 Tönen

Eine multikulturelle Europareise mit Liedern, Tänzen, Spielen und Bräuchen

ISBN (Buch): 978-3-931902-87-2
ISBN (CD): 978-3-931902-88-9

WELTMUSIK FÜR KINDER

**www.weltmusik-fuer-kinder.de**

Miriam Schultze

## Didgeridoo und Känguru

Eine spielerische Reise durch Australien

ISBN (Buch): 978-3-931902-67-4
ISBN (CD): 978-3-931902-68-1

P. Budde, J. Kronfli

## Santa, Sinter, Joulupukki

Ein internationaler Ideenschatz mit Liedern, Geschichten, Bastelaktionen, Rezepten, Spielen und Tänzen

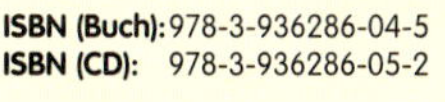

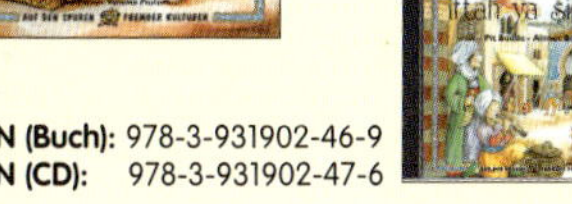

ISBN (Buch): 978-3-936286-04-5
ISBN (CD): 978-3-936286-05-2

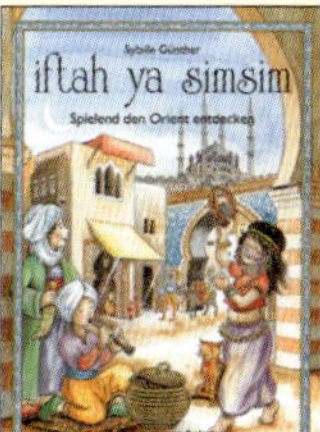

Sybille Günther

## iftah ya simsim

Spielend den Orient entdecken

ISBN (Buch): 978-3-931902-46-9
ISBN (CD): 978-3-931902-47-6

P. Budde, J. Kronfli

## Karneval der Kulturen

Lateinamerika in Spielen, Liedern, Tänzen und Festen für Kinder

ISBN (Buch): 978-3-931902-79-7
ISBN (CD): 978-3-931902-78-0

G. Schreiber, P. Heilmann

## Karibuni Watoto

Spielend Afrika entdecken

ISBN (Buch): 978-3-931902-11-7
ISBN (CD): 978-3-931902-12-4

**oekotopia-verlag.de**

**Ökotopia-Shop im Internet**

**http://www.oekotopia-verlag.de**

**Ökotopia-Verlag**
Hafenweg 26a
D-48155 Münster
Tel.: 02 51 - 4 81 98 - 0
Fax: 02 51 - 4 81 98 - 29
E-MaiL: info@oekotopia-verlag.de